EL LIBRO
DE PROMESAS
DE LA BIBLIA

edición católica

inspiración para la vida
CASA PROMESA
Una división de Barbour Publishing, Inc.

Libro de promesas de la Biblia

Edición Católica

© 2013 por Casa Promesa

ISBN 978-1-62029-749-0

Ediciones eBook:
Edición Adobe Digital (.epub) 978-1-62416-078-3
Edición Kindle y MobiPocket (.prc) 978-1-62416-077-6

Título en inglés: *Bible Promise Book Catholic Edition,* ©2013 por Barbour Publishing, Inc.

Las citas bíblicas se han tomado de la Santa Biblia Dios Habla Hoy (DHH).

Las citas marcadas LATINOAMERICANA se han tomado de la versión bíblica Latinoamericana.

Las citas marcadas JERUSALÉN se han tomado de la versión bíblica Jerusalén.

Desarrollo editorial: Semantics. P.O. Box 290186, Nashville, TN 37229
Semantics01@comcast.net

Publicado por Casa Promesa, P.O. Box 719, Uhrichsville, Ohio 44683
www.casapromesa.com.

Nuestra misión es publicar y distribuir productos que inspiren, brindando valor excepcional y motivación bíblica al público.

Member of the
Evangelical Christian
Publishers Association

Impreso en los Estados Unidos de América.

Contenido

Introducción

¡Las grandes y maravillosas promesas de Dios! Permanecen en nuestra época tal y como permanecieron desde el principio del tiempo, y como permanecerán hasta el fin de los tiempos y hacia delante incluso a través de la interminable expansión de la eternidad. Son tan seguras como el mismo Dios, tan ciertas y fieles como él es y como *siempre* será.

Las promesas divinas se hallan en todos los libros de la Biblia, desde el primero hasta el último, rodeando y dando contexto a cada tema. Si se les preguntara, muchos podrían decir que la Biblia trata de guerra y muerte, pecado y juicio, o incluso del interminable conflicto entre el bien y el mal. Sin duda hay libros de historia, seguidos por algunas de las poesías más notables que se han escrito. La Biblia tiene abundante sabiduría. El Buen Libro, como muchos lo llaman, también se considera un manual político. Reinos que surgen y caen. Luchas de poder, conflictos culturales complejos, y la lealtad y la angustia de los vínculos familiares. Todo está allí en las páginas de la Biblia, entrelazado con las garantías, las palabras amables, y las gentiles intenciones de Dios extendidas a quienquiera que desee apropiarse de ellas.

Quizás usted esté luchando hoy. Tal vez se pregunte si el Señor se preocupa por usted y por los pequeños detalles de su vida cotidiana. Podría preguntarse si él sabe que usted está ansioso y herido, sintiéndose solo y sin amor, o cargado por asuntos económicos o de salud. Quizás sus relaciones se estén desmoronando. Sea lo que sea, Dios quiere que sepa que a él sí le importa todo acerca de usted. Él lo ama como solo un Creador puede amar a su creación. Él anhela que usted sea todo lo que está llamado a ser. Ansía abrazarlo y consolarlo en la palma de su poderosa mano.

El libro que usted está sosteniendo es más que una lista al azar de selecciones bíblicas. Esta obra de promesas bíblicas está diseñada como una fuente de esperanza, recopilada especialmente para el lector católico, con el consejo y la ayuda de una cantidad de creyentes que abrazan la fe católica. Por supuesto, este libro no es lo suficientemente extenso como para cubrir todos los asuntos de la vida, pero en sus páginas hay muchos temas respecto de los cuales usted podría estar preguntándose. Hemos recopilado las promesas de tres versiones diversas, comprensibles, y con lenguaje actual. Una fuente afirma que la Biblia contiene 1.260 promesas. Otra habla de 3.575. Una tercera dice que son cinco mil. Pero quizás ninguna de estas cantidades represente un cálculo definitivo, en especial si se considera que algunos pasajes no están exhibidos en forma de promesa. Sin embargo, en contexto la Biblia está llena de gran esperanza y de promesas. Los pasajes bíblicos enaltecen el texto de ordinario a extraordinario, de ser suficiente a abundantemente más allá de la imaginación. Todas las citas bíblicas establecen la bondad y la fidelidad de nuestro Dios.

Esperamos que a medida que usted lea las páginas de este libro se anime su corazón y se enriquezca su mente. Pedimos a nuestro Señor que su vida cambie y que su visión del mundo mejore. Principalmente, oramos porque usted vea a su Padre celestial bajo una nueva luz: ¡La luz del gran amor que él tiene por usted!

Adversidad

n.: Condición o experiencia de desgracia grave o continua.

Si tienes que pasar por el agua, yo estaré contigo, si tienes que cruzar ríos, no te ahogarás; si tienes que pasar por el fuego, no te quemarás, las llamas no arderán en ti. Pues yo soy tu Señor, tu salvador.

ISAÍAS 43:2–3

El Señor protege a los oprimidos; él los protege en tiempos de angustia. Señor, los que te conocen, confían en ti, pues nunca abandonas a quienes te buscan.

SALMOS 9:9–10

Dios es nuestro refugio y nuestra fuerza; nuestra ayuda en momentos de angustia. Por eso no tendremos miedo, aunque se deshaga la tierra, aunque se hundan los montes en el fondo del mar, aunque ruja el mar y se agiten sus olas, aunque tiemblen los montes a causa de su furia.

SALMOS 46:1–3

Y aunque el Señor te dé el pan del sufrimiento y el agua de la aflicción, él, que es tu maestro, no se esconderá más; con tus propios ojos lo verás.

ISAÍAS 30:20

Yo lo pondré a salvo, fuera del alcance de todos, porque él me ama y me conoce. Cuando me llame, le contestaré; ¡yo mismo estaré con él! Lo libraré de la angustia y lo colmaré de honores; lo haré disfrutar de una larga vida: ¡lo haré gozar de mi salvación!».

SALMOS 91:14–16

El Señor cuida de los hombres honrados y presta oído a sus clamores. El Señor está en contra de los malhechores, para borrar de la tierra su recuerdo. El Señor atiende al clamor del hombre honrado, y lo libra de todas sus angustias. El Señor está cerca, para salvar a los que tienen el corazón hecho pedazos y han perdido la esperanza. El hombre honrado pasa por muchos males, pero el Señor lo libra de todos ellos. Pero el Señor salva la vida a sus siervos; ¡no serán castigados los que en él confían!

SALMOS 34:15, 17, 19-20, 22

El Señor sostiene a los que caen y levanta a los que desfallecen. Los ojos de todos esperan de ti que tú les des su comida a su tiempo. Abres tu mano, y con tu buena voluntad satisfaces a todos los seres vivos. El Señor es justo en sus caminos, bondadoso en sus acciones. El Señor está cerca de los que lo invocan, de los que lo invocan con sinceridad. Él cumple los deseos de los que lo honran; cuando le piden ayuda, los oye y los salva. El Señor protege a los que lo aman, pero destruye a los malvados. ¡Que mis labios alaben al Señor! ¡Que todos bendigan su santo nombre, ahora y siempre!

SALMOS 145:14-21

El Señor es bueno;   es un refugio en horas de angustia: protege a los que en él confían. Pero, como inundación que todo lo arrasa, destruye a los que se le oponen; la oscuridad alcanzará a sus enemigos.

NAHÚM 1:7-8

Ángeles

n.: En su uso más común en las Escrituras, la palabra designa a ciertos seres espirituales y sobrenaturales que se nos presentan como mensajeros de Dios.

Porque Dios nunca dijo a ningún ángel: «Tú eres mi Hijo; yo te he engendrado hoy.» Ni dijo tampoco de ningún ángel: «Yo seré un padre para él, y él será un hijo para mí.» Pero en otro lugar, al presentar a su Hijo primogénito al mundo, dice: «Que todos los ángeles de Dios lo adoren.» Respecto a los ángeles, Dios dice: «Hace que sus ángeles sean como vientos, y como llamas de fuego sus servidores.» Pero respecto al

Hijo, dice: «Tu reinado, oh Dios, es eterno, y es un reinado de justicia. Has amado lo bueno y odiado lo malo; por eso te ha escogido Dios, tu Dios, y te ha colmado de alegría más que a tus compañeros.» También dice: «Tú, oh Señor, afirmaste la tierra desde el principio; tú mismo hiciste el cielo. Todo ello dejará de existir, pero tú permaneces para siempre. Todo ello se gastará como la ropa; ¡lo doblarás como se dobla un vestido, lo cambiarás como quien se cambia de ropa! Pero tú eres el mismo; tu vida no terminará.» Dios nunca dijo a ninguno de los ángeles: «Siéntate a mi derecha, hasta que yo haga de tus enemigos el estrado de tus pies.» Porque todos los ángeles son espíritus al servicio de Dios, enviados en ayuda de quienes han de recibir en herencia la salvación.

HEBREOS 1:5-14

Él mandará que sus ángeles te cuiden por dondequiera que vayas. Te levantarán con sus manos para que no tropieces con piedra alguna.

SALMOS 91:11-12

No desprecien a ninguno de estos pequeños. Pues les digo que en el cielo los ángeles de ellos están mirando siempre el rostro de mi Padre celestial.

MATEO 18:10

El ángel del Señor protege y salva a los que honran al Señor. Prueben, y vean que el Señor es bueno. ¡Feliz el hombre que en él confía! Honren al Señor, los consagrados a él, pues nada faltará a los que lo honran.

SALMOS 34:7-9

Cerca de Belén había unos pastores que pasaban la noche en el campo cuidando sus ovejas. De pronto se les apareció un ángel del Señor, y la gloria del Señor brilló alrededor de ellos; y tuvieron mucho miedo. Pero el ángel les dijo: «No tengan miedo, porque les traigo una buena noticia, que será motivo de gran alegría para todos: Hoy les ha nacido en el pueblo de David un salvador, que es el Mesías, el Señor. Como señal, encontrarán ustedes al niño envuelto en pañales y acostado en un establo.»

LUCAS 2:8–14

Se alejó de ellos como a la distancia de un tiro de piedra, y se puso de rodillas para orar. Dijo: «Padre, si quieres, líbrame de este trago amargo; pero que no se haga mi voluntad, sino la tuya.» En esto se le apareció un ángel del cielo, para darle fuerzas.

LUCAS 22:41–43

Ira

n.: Emoción de desagrado inmediato, indignación que surge del sentimiento de daño causado o intencional, o de haber descubierto alguna infracción o violación a la ley.

No hay otro Dios como tú, porque tú perdonas la maldad y olvidas las rebeliones de este pequeño resto de tu pueblo. Tú nos muestras tu amor y no mantienes tu enojo para siempre.

MIQUEAS 7:18

Tú, Señor, me salvaste de la muerte; me diste vida, me libraste de morir. Ustedes, fieles del Señor, ¡cántenle himnos!, ¡alaben su santo nombre! Porque su enojo dura un momento, pero su buena voluntad, toda la vida. Si lloramos por la noche, por la mañana tendremos alegría. Yo me sentí seguro, y pensé: «Nada me hará caer jamás.»

SALMOS 30:3–6

Por eso, deben ustedes renunciar a su antigua manera de vivir y despojarse de lo que antes eran, ya que todo eso se ha corrompido, a causa de los deseos engañosos. Deben renovarse espiritualmente en su manera de juzgar, y revestirse de la nueva naturaleza, creada a imagen de Dios y que se distingue por una vida recta y pura, basada en la verdad. Por lo tanto, ya no mientan más, sino diga cada uno la verdad a su prójimo, porque todos somos miembros de un mismo cuerpo. Si se enojan, no pequen; que el enojo no les dure todo el día. No le den oportunidad al diablo.

EFESIOS 4:22–27

No hagan que se entristezca el Espíritu Santo de Dios, con el que ustedes han sido sellados para distinguirlos como propiedad de Dios el día en que él les dé la liberación definitiva. Alejen de ustedes la amargura, las pasiones, los enojos, los gritos, los insultos y toda clase de maldad. Sean buenos y compasivos unos con otros, y perdónense mutuamente, como Dios los perdonó a ustedes en Cristo.

EFESIOS 4:30–32

Queridos hermanos, no tomen venganza ustedes mismos, sino dejen que Dios sea quien castigue; porque la Escritura dice: «A mí me corresponde hacer justicia; yo pagaré, dice el Señor.» Y también: «Si tu enemigo tiene hambre, dale de comer; y si tiene sed, dale de beber; así harás que le arda la cara de vergüenza.» No te dejes vencer por el mal. Al contrario, vence con el bien el mal.

ROMANOS 12:19–21

La respuesta amable calma el enojo; la respuesta violenta lo excita más. De la lengua de los sabios brota sabiduría; de la boca de los necios, necedades.

PROVERBIOS 15:1–2

Para anunciar esto, yo he sido nombrado mensajero y apóstol, y se me ha encargado que enseñe acerca de la fe y de la verdad a los que no son judíos. Lo que digo es cierto; no miento. Así pues, quiero que los hombres oren en todas partes, y que eleven sus manos a Dios con pureza de corazón y sin enojos ni discusiones.

1 TIMOTEO 2:7–8

Confía en el Señor y haz lo bueno, vive en la tierra y mantente fiel. Ama al Señor con ternura, y él cumplirá tus deseos más profundos. Pon tu vida en las manos del Señor; confía en él, y él vendrá en tu ayuda. Hará brillar tu rectitud y tu justicia como brilla el sol de mediodía. Guarda silencio ante el Señor; espera con paciencia a que él te ayude. No te irrites por el que triunfa en la vida, por el que hace planes malvados. Deja el enojo, abandona el furor; no te enojes, porque eso empeora las cosas. Pues los malvados serán arrojados del país, pero los que confían en el Señor tomarán posesión de él. Dentro de poco no habrá malvados; por más que los busques, no volverás a encontrarlos.

SALMOS 37:2–10

Ansiedad

n.: Dolorosa o terrible intranquilidad mental, por lo general debido a un acontecimiento inminente o previsto.

Bendito el hombre que confía en mí, que pone en mí su esperanza. Será como un árbol plantado a la orilla de un río, que extiende sus raíces hacia la corriente y no teme cuando llegan los calores, pues su follaje está siempre frondoso. En tiempo de sequía no se inquieta, y nunca deja de dar fruto.

JEREMÍAS 17:7–8

El Señor es mi pastor; nada me falta. En verdes praderas me hace descansar, a las aguas tranquilas me conduce, me da nuevas fuerzas y me lleva por caminos rectos, haciendo honor a su nombre. Aunque pase por el más oscuro de los valles, no temeré peligro alguno, porque tú, Señor, estás conmigo; tu vara y tu bastón me inspiran confianza. Me has preparado un banquete ante los ojos de mis enemigos; has vertido perfume en mi cabeza, y has llenado mi copa a rebosar. Tu bondad y tu amor me acompañan a lo largo de mis días, y en tu casa, oh Señor, por siempre viviré.

SALMOS 23:1–6

No se aflijan por nada, sino preséntenselo todo a Dios en oración; pídanle, y denle gracias también. Así Dios les dará su paz, que es más grande de lo que el hombre puede entender; y esta paz cuidará sus corazones y sus pensamientos por medio de Cristo Jesús.

FILIPENSES 4:6–7

Estando contigo nada quiero en la tierra. Todo mi ser se consume, pero Dios es mi herencia eterna y el que sostiene mi corazón.

SALMOS 73:25–26

La angustia deprime al hombre; la palabra amable lo alegra.

PROVERBIOS 12:25

Si el Señor no me hubiera ayudado, yo estaría ya en el silencio de la muerte. Cuando alguna vez dije: «Mis pies resbalan», tu amor, Señor, vino en mi ayuda. En medio de las preocupaciones que se agolpan en mi mente, tú me das consuelo y alegría.

SALMOS 94:17–19

Así como los montes rodean a Jerusalén, el Señor rodea a su pueblo ahora y siempre. El mal gobierno no siempre dominará en la tierra que Dios ha dado a su pueblo, no sea que su pueblo comience a practicar la maldad. Señor, haz bien a los hombres buenos, a los hombres de corazón sincero.

SALMOS 125:2–4

Humíllense, pues, bajo la poderosa mano de Dios, para que él los enaltezca a su debido tiempo. Dejen todas sus preocupaciones a Dios, porque él se interesa por ustedes. Sean prudentes y manténganse despiertos, porque su enemigo el diablo, como un león rugiente, anda buscando a quien devorar. Resístanle, firmes en la fe, sabiendo que en todas partes del mundo los hermanos de ustedes están sufriendo las mismas cosas. Pero después que ustedes hayan sufrido por un poco de tiempo, Dios los hará perfectos, firmes, fuertes y seguros. Es el mismo Dios que en su gran amor nos ha llamado a tener parte en su gloria eterna en unión con Jesucristo.

1 PEDRO 5:6–10

Señor, escucha mi oración, ¡permite que mi grito llegue a ti! No escondas de mí tu rostro cuando me encuentre angustiado; ¡dígnate escucharme!, ¡respóndeme pronto cuando te llame!

SALMOS 102:1–2

Oh Dios, examíname, reconoce mi corazón; ponme a prueba, reconoce mis pensamientos.

SALMOS 139:23

Actitud
n.: Manera de pensar o sentir debido
a un hecho o circunstancia.

Por eso, deben ustedes renunciar a su antigua manera de vivir y despojarse de lo antes eran, ya que todo eso se ha corrompido, a causa de los deseos engañosos. Deben renovarse espiritualmente en su manera de juzgar, y revestirse de la nueva naturaleza, creada a imagen de Dios y que se distingue por una vida recta y pura, basada en la verdad.

EFESIOS 4:22–24

No vivan ya según los criterios del tiempo presente; al contrario, cambien su manera de pensar para que así cambie su manera de vivir y lleguen a conocer la voluntad de Dios, es decir, lo que es bueno, lo que le es grato, lo que es perfecto. Por el encargo que Dios en su bondad me ha dado, digo a todos ustedes que ninguno piense de sí mismo más de lo que debe pensar. Antes bien, cada uno piense de sí con moderación, según los dones que Dios le haya dado junto con la fe.

ROMANOS 12:2–3

Tengan unos con otros la manera de pensar propia de quien está unido a Cristo Jesús, el cual: Aunque existía con el mismo ser de Dios, no se aferró a su igualdad con él, sino que renunció a lo que era suyo y tomó naturaleza de siervo. Haciéndose como todos los hombres y presentándose como un hombre cualquiera, se humilló a sí mismo, haciéndose obediente hasta la muerte, hasta la muerte en la cruz.

FILIPENSES 2:5–8

Por eso, así como Cristo sufrió en su cuerpo, adopten también ustedes igual disposición. Pues el que ha sufrido en el cuerpo ha roto con el pecado, para vivir el resto de su vida conforme a la voluntad de Dios y no conforme a los deseos humanos.

1 PEDRO 4:1–2

En aquella misma ocasión los discípulos se acercaron a Jesús y le preguntaron: —¿Quién es el más importante en el reino de los cielos? Jesús llamó entonces a un niño, lo puso en medio de ellos y dijo: —Les aseguro que si ustedes no cambian y se vuelven como niños, no entrarán en el reino de los cielos. El más importante en el reino de los cielos es el que se humilla y se vuelve como este niño.

MATEO 18:1–4

Jesús los llamó, y les dijo:
—Como ustedes saben, entre los paganos hay jefes que se creen con derecho a gobernar con tiranía a sus súbditos, y los grandes hacen sentir su autoridad sobre ellos. Pero entre ustedes no debe ser así. Al contrario, el que quiera ser grande entre ustedes, deberá servir a los demás, y el que entre ustedes quiera ser el primero, deberá ser el esclavo de los demás. Porque ni aun el Hijo del hombre vino para que le sirvan, sino para servir y dar su vida en rescate por una multitud.

MARCOS 10:42–45

El amor al dinero es raíz de toda clase de males; y hay quienes, por codicia, se han desviado de la fe y se han causado terribles sufrimientos. Pero tú, hombre de Dios, huye de todo esto. Lleva una vida de rectitud, de piedad, de fe, de amor, de fortaleza en el sufrimiento y de humildad de corazón.

1 TIMOTEO 6:10–11

Cuida tu mente más que nada en el mundo, porque ella es fuente de vida. Evita el decir cosas falsas; apártate de la mentira. Mira siempre adelante, mira siempre de frente. Fíjate bien en dónde pones los pies, y siempre pisarás terreno firme.

Proverbios 4:23–26

Convicción

n.: Aceptación mental de algo como real o verdadero.

Para acercarse a Dios, uno tiene que creer que existe y que recompensa a los que lo buscan.

Hebreos 11:6

Tomás, uno de los doce discípulos, al que llamaban el Gemelo, no estaba con ellos cuando llegó Jesús. Después los otros discípulos le dijeron: —Hemos visto al Señor.
Pero Tomás les contestó: —Si no veo en sus manos las heridas de los clavos, y si no meto mi dedo en ellas y mi mano en su costado, no lo podré creer.
Ocho días después, los discípulos se habían reunido de nuevo en una casa, y esta vez Tomás estaba también. Tenían las puertas cerradas, pero Jesús entró, se puso en medio de ellos y los saludó, diciendo: —¡Paz a ustedes!
Luego dijo a Tomás: —Mete aquí tu dedo, y mira mis manos; y trae tu mano y métela en mi costado. No seas incrédulo; ¡cree!
Tomás entonces exclamó: —¡Mi Señor y mi Dios!
Jesús le dijo: —¿Crees porque me has visto? ¡Dichosos los que creen sin haber visto!

Juan 20:24–29

Dios amó tanto al mundo, que dio a su Hijo único, para que todo aquel que cree en él no muera, sino que tenga vida eterna. Porque Dios no envió a su Hijo al mundo para condenar al mundo, sino para salvarlo por medio de él.

Juan 3:16–17

Si yo no hago las obras que hace mi Padre, no me crean. Pero si las hago, aunque no me crean a mí, crean en las obras que hago, para que sepan de una vez por todas que el Padre está en mí y que yo estoy en el Padre.

JUAN 10:37-38

Yo, que soy la luz, he venido al mundo para que los que creen en mí no se queden en la oscuridad.

JUAN 12:46

Aceptamos el testimonio de los hombres, pero el testimonio de Dios es de mucho más valor, porque consiste en el testimonio que Dios ha dado acerca de su Hijo. El que cree en el Hijo de Dios, lleva este testimonio en su propio corazón; el que no cree en Dios, lo hace aparecer como mentiroso, porque no cree en el testimonio que Dios ha dado acerca de su Hijo. Este testimonio es que Dios nos ha dado vida eterna, y que esta vida está en su Hijo.

1 JUAN 5:9-11

Entonces llevaron al muchacho ante Jesús. Pero cuando el espíritu vio a Jesús, hizo que le diera un ataque al muchacho, el cual cayó al suelo revolcándose y echando espuma por la boca. Jesús le preguntó al padre:

—¿Desde cuándo le sucede esto?

El padre contestó:

—Desde que era niño. Y muchas veces ese espíritu lo ha arrojado al fuego y al agua, para matarlo. Así que, si puedes hacer algo, ten compasión de nosotros y ayúdanos.

Jesús le dijo:

—¿Cómo que "si puedes"? ¡Todo es posible para el que cree!

Entonces el padre del muchacho gritó:

—Yo creo. ¡Ayúdame a creer más!

Al ver Jesús que se estaba reuniendo mucha gente, reprendió al espíritu impuro, diciendo:

—Espíritu mudo y sordo, yo te ordeno que salgas de este muchacho y que no vuelvas a entrar en él.

El espíritu gritó, e hizo que le diera otro ataque al muchacho. Luego salió de él, dejándolo como muerto, de modo que

muchos decían que, en efecto, estaba muerto. Pero Jesús, to-
mándolo de la mano, lo levantó; y el muchacho se puso de pie.

Marcos 9:20–27

Pérdida

n.: Estado o hecho de ser privado de algo o alguien.

Hermanos, no queremos que se queden sin saber lo que pasa con
los muertos, para que ustedes no se entristezcan como los otros,
los que no tienen esperanza. Así como creemos que Jesús murió
y resucitó, así también creemos que Dios va a resucitar con Jesús
a los que murieron creyendo en él. Por esto les decimos a ustedes, como enseñanza del Señor, que nosotros, los que quedemos
vivos hasta la venida del Señor, no nos adelantaremos a los que
murieron. Porque se oirá una voz de mando, la voz de un arcángel y el sonido de la trompeta de Dios, y el Señor mismo bajará
del cielo. Y los que murieron creyendo en Cristo, resucitarán
primero; después, los que hayamos quedado vivos seremos llevados, juntamente con ellos, en las nubes, para encontrarnos con el
Señor en el aire; y así estaremos con el Señor para siempre.

1 Tesalonicenses 4:13–17

Después vi un cielo nuevo y una tierra nueva; porque el primer
cielo y la primera tierra habían dejado de existir, y también el
mar. Vi la ciudad santa, la nueva Jerusalén, que bajaba del cielo,
de la presencia de Dios. Estaba arreglada como una novia vestida para su prometido. Y oí una fuerte voz que venía del trono, y
que decía: «Aquí está el lugar donde Dios vive con los hombres.
Vivirá con ellos, y ellos serán sus pueblos, y Dios mismo estará
con ellos como su Dios. Secará todas las lágrimas de ellos, y ya
no habrá muerte, ni llanto, ni lamento, ni dolor; porque todo lo
que antes existía ha dejado de existir.»

Apocalipsis 21:1–4

Dichosos los que sufren, porque serán consolados.

Mateo 5:4

Quiero decirles, hermanos, que lo puramente material no puede tener parte en el reino de Dios, y que lo corruptible no puede tener parte en lo incorruptible. Pero quiero que conozcan el designio secreto de Dios: No todos moriremos, pero todos seremos transformados en un momento, en un abrir y cerrar de ojos, cuando suene el último toque de trompeta. Porque sonará la trompeta, y los muertos serán resucitados para no volver a morir. Y nosotros seremos transformados. Pues nuestra naturaleza corruptible se revestirá de lo incorruptible, y nuestro cuerpo mortal se revestirá de inmortalidad. Y cuando nuestra naturaleza corruptible se haya revestido de lo incorruptible, y cuando nuestro cuerpo mortal se haya revestido de inmortalidad, se cumplirá lo que dice la Escritura: «La muerte ha sido devorada por la victoria. ¿Dónde está, oh muerte, tu victoria? ¿Dónde está, oh muerte, tu aguijón?» El aguijón de la muerte es el pecado, y el pecado ejerce su poder por la ley. ¡Pero gracias a Dios, que nos da la victoria por medio de nuestro Señor Jesucristo!

1 Corintios 15:50–57

Si los muertos no resucitan, entonces tampoco Cristo resucitó; y si Cristo no resucitó, la fe de ustedes no vale para nada: todavía siguen en sus pecados. En este caso, también están perdidos los que murieron creyendo en Cristo. Si nuestra esperanza en Cristo solamente vale para esta vida, somos los más desdichados de todos. Pero lo cierto es que Cristo ha resucitado. Él es el primer fruto de la cosecha: ha sido el primero en resucitar. Así como por causa de un hombre vino la muerte, también por causa de un hombre viene la resurrección de los muertos. Y así como en Adán todos mueren, así también en Cristo todos tendrán vida.

1 Corintios 15:16–22

Bendiciones

n.: Dotación de algo conducente a felicidad o bienestar.

Si de veras obedeces al Señor tu Dios, y pones en práctica todos sus mandamientos que yo te ordeno hoy, entonces el Señor te pondrá por encima de todos los pueblos de la tierra. Además, todas estas bendiciones vendrán sobre ti y te alcanzarán por haber obedecido al Señor tu Dios. Serás bendito en la ciudad y en el campo. Serán benditos tus hijos y tus cosechas, y las crías de tus vacas, de tus ovejas y de todos tus animales. Serán benditos tu cesta y el lugar donde amasas la harina, y tú serás bendito en todo lo que hagas.

DEUTERONOMIO 28:1–6

El Señor enviará su bendición sobre tus graneros y sobre todo lo que hagas, y te hará vivir feliz en el país que va a darte. Si cumples sus mandamientos y sigues sus caminos, el Señor tu Dios te mantendrá como pueblo consagrado a él, tal como te lo ha jurado.

DEUTERONOMIO 28:8–9

Traigan su diezmo al tesoro del templo, y así habrá alimentos en mi casa. Pónganme a prueba en eso, a ver si no les abro las ventanas del cielo para vaciar sobre ustedes la más rica bendición. No dejaré que las plagas destruyan sus cosechas y sus viñedos. Todas las naciones les llamarán dichosos, porque ustedes tendrán un país encantador. Yo, el Señor todopoderoso, lo he dicho.

MALAQUÍAS 3:10–12

Dichosos los que tienen espíritu de pobres, porque de ellos es el reino de los cielos. Dichosos los que sufren, porque serán consolados. Dichosos los humildes, porque heredarán la tierra prometida. Dichosos los que tienen hambre y sed de la justicia, porque serán satisfechos. Dichosos los compasivos, porque Dios tendrá compasión de ellos. Dichosos los de corazón limpio, porque verán a Dios. Dichosos los que trabajan por la paz, porque Dios los llamará hijos suyos.

MATEO 5:3–9

Alabado sea el Dios y Padre de nuestro Señor Jesucristo, pues en Cristo nos ha bendecido en los cielos con toda clase de bendiciones espirituales. Dios nos escogió en Cristo desde antes de la creación del mundo, para que fuéramos santos y sin defecto en su presencia. Por su amor, nos había destinado a ser adoptados como hijos suyos por medio de Jesucristo, hacia el cual nos ordenó, según la determinación bondadosa de su voluntad. Esto lo hizo para que alabemos siempre a Dios por su gloriosa bondad, con la cual nos bendijo mediante su amado Hijo.

Efesios 1:3–6

Feliz el hombre que no sigue el consejo de los malvados, ni va por el camino de los pecadores, ni hace causa común con los que se burlan de Dios, sino que pone su amor en la ley del Señor y en ella medita noche y día. Ese hombre es como un árbol plantado a la orilla de un río, que da su fruto a su tiempo y jamás se marchitan sus hojas. ¡Todo lo que hace, le sale bien!

Salmos 1:1–3

Yo pondré a mis ovejas alrededor de mi monte santo, y las bendeciré; les enviaré lluvias de bendición en el tiempo oportuno.

Ezequiel 34:26

Sangre de Jesús

n.: Sangre pura y expiatoria derramada en la cruz por Jesús, el unigénito Hijo engendrado de Dios, por los pecados de la humanidad.

No me acordaré más de sus pecados y maldades.» Así pues, cuando los pecados han sido perdonados, ya no hay necesidad de más ofrendas por el pecado.

Hebreos 10:17–19

Así pues, ustedes, que no son judíos, y a quienes llaman «no circuncidados» los judíos (que circuncidan al hombre en el cuerpo, y a sí mismos se llaman «circuncidados»), recuerden que en otro tiempo estaban sin Cristo, separados de la nación de Israel, y no tenían parte en las alianzas ni en la promesa de Dios. Vivían en este mundo, sin Dios y sin esperanza. Pero ahora, unidos a Cristo Jesús por la sangre que él derramó, ustedes que antes estaban lejos están cerca.

Efesios 2:11–13

Entonces tomó en sus manos una copa y, habiendo dado gracias a Dios, dijo: —Tomen esto y repártanlo entre ustedes; porque les digo que no volveré a beber del producto de la vid, hasta que venga el reino de Dios. Después tomó el pan en sus manos y, habiendo dado gracias a Dios, lo partió y se lo dio a ellos, diciendo: —Esto es mi cuerpo, entregado a muerte en favor de ustedes. Hagan esto en memoria de mí. Lo mismo hizo con la copa después de la cena, diciendo: —Esta copa es la nueva alianza confirmada con mi sangre, la cual es derramada en favor de ustedes.

LUCAS 22:17-20

Dios los ha rescatado a ustedes de la vida sin sentido que heredaron de sus antepasados; y ustedes saben muy bien que el costo de este rescate no se pagó con cosas corruptibles, como el oro o la plata, sino con la sangre preciosa de Cristo, que fue ofrecido en sacrificio como un cordero sin defecto ni mancha.

1 PEDRO 1:18-19

Dios prueba que nos ama, en que, cuando todavía éramos pecadores, Cristo murió por nosotros. Y ahora, después que Dios nos ha hecho justos mediante la muerte de Cristo, con mayor razón seremos salvados del castigo final por medio de él.

ROMANOS 5:8-9

Cristo ya vino, y ahora él es el Sumo sacerdote de los bienes definitivos. El santuario donde él actúa como sacerdote es mejor y más perfecto, y no ha sido hecho por los hombres; es decir, no es de esta creación. Cristo ha entrado en el santuario, ya no para ofrecer la sangre de chivos y becerros, sino su propia sangre; ha entrado una sola vez y para siempre, y ha obtenido para nosotros la liberación eterna. Es verdad que la sangre de los toros y chivos, y las cenizas de la becerra que se quema en el altar, las cuales son rociadas sobre los que están impuros, tienen poder para consagrarlos y purificarlos por fuera. Pero si esto es así, ¡cuánto más poder tendrá la sangre de Cristo! Pues por medio del Espíritu eterno, Cristo se ofreció a sí mismo a Dios como sacrificio sin mancha, y su sangre limpia nuestra conciencia de las obras que llevan a la muerte, para que podamos servir al Dios viviente.

Hebreos 9:11–14

Tú eres digno de tomar el rollo y de romper sus sellos, porque fuiste sacrificado; y derramando tu sangre redimiste para Dios gentes de toda raza, lengua, pueblo y nación.

Apocalipsis 5:9

Ahora, sin la ley, Dios ha mostrado de qué manera nos hace justos, y esto lo confirman la misma ley y los profetas: por medio de la fe en Jesucristo, Dios hace justos a todos los que creen. Pues no hay diferencia: todos han pecado y están lejos de la presencia gloriosa de Dios. Pero Dios, en su bondad y gratuitamente, los hace justos, mediante la liberación que realizó Cristo Jesús. Dios hizo que Cristo, al derramar su sangre, fuera el instrumento del perdón. Este perdón se alcanza por la fe. Así quería Dios mostrar cómo nos hace justos: perdonando los pecados que habíamos cometido antes.

Romanos 3:21–25

Desafíos
n.: Circunstancia o circunstancias que se deben vencer.

El Señor es quien me ayuda: por eso no me hieren los insultos; por eso me mantengo firme como una roca, pues sé que no quedaré en ridículo. A mi lado está mi defensor: ¿Alguien tiene algo en mi contra? ¡Vayamos juntos ante el juez! ¿Alguien se cree con derecho a acusarme? ¡Que venga y me lo diga! El Señor es quien me ayuda; ¿quién podrá condenarme? Todos mis enemigos desaparecerán como vestido comido por la polilla.

Isaías 50:7–9

Alabemos al Dios y Padre de nuestro Señor Jesucristo, que por su gran misericordia nos ha hecho nacer de nuevo por la resurrección de Jesucristo. Esto nos da una esperanza viva, y hará que ustedes reciban la herencia que Dios les tiene guardada en el cielo, la cual no puede destruirse, ni mancharse, ni marchitarse. Por la fe que ustedes tienen en Dios, él los protege con su poder para que alcancen la salvación que tiene preparada, la cual dará a conocer en los tiempos últimos. Por esta razón están ustedes llenos de alegría, aun cuando sea necesario que durante un poco de tiempo pasen por muchas pruebas. Porque la fe de ustedes es como el oro: su calidad debe ser probada por medio del fuego. La fe que resiste la prueba vale mucho más que el oro, el cual se puede destruir. De manera que la fe de ustedes, al ser así probada, merecerá aprobación, gloria y honor cuando Jesucristo aparezca.

1 PEDRO 1:3-7

Él conoce cada uno de mis pasos; puesto a prueba, saldré puro como el oro. Yo siempre he seguido sin desviarme el camino que él me ha señalado. Siempre he cumplido sus leyes y mandatos, y no mi propia voluntad.

JOB 23:10-12

Nosotros, teniendo a nuestro alrededor tantas personas que han demostrado su fe, dejemos a un lado todo lo que nos estorba y el pecado que nos enreda, y corramos con fortaleza la carrera que tenemos por delante. Fijemos nuestra mirada en Jesús, pues de él procede nuestra fe y él es quien la perfecciona. Jesús soportó la cruz, sin hacer caso de lo vergonzoso de esa muerte, porque sabía que después del sufrimiento tendría gozo y alegría; y se sentó a la derecha del trono de Dios. Por lo tanto, mediten en el ejemplo de Jesús, que sufrió tanta contradicción de parte de los pecadores; por eso, no se cansen ni se desanimen. Pues ustedes aún no han tenido que llegar hasta la muerte en su lucha contra el pecado.

HEBREOS 12:1-4

Protéjanse con toda la armadura que Dios les ha dado, para que puedan estar firmes contra los engaños del diablo. Porque no estamos luchando contra poderes humanos, sino contra malignas fuerzas espirituales del cielo, las cuales tienen mando, autoridad y dominio sobre el mundo de tinieblas que nos rodea. Por eso, tomen toda la armadura que Dios les ha dado, para que puedan resistir en el día malo y, después de haberse preparado bien, mantenerse firmes.

EFESIOS 6:11–13

Hijo mío, si tratas de servir al Señor, prepárate para la prueba. Fortalece tu voluntad y sé valiente, para no acobardarte cuando llegue la calamidad. Aférrate al Señor, y no te apartes de él; así, al final tendrás prosperidad. Acepta todo lo que te venga, y sé paciente si la vida te trae sufrimientos. Porque el valor del oro se prueba en el fuego, y el valor de los hombres en el horno del sufrimiento. Confía en Dios, y él te ayudará; procede rectamente y espera en él.

ECLESIÁSTICO 2:1–6

Carácter
n.: Estado de excelencia o fortaleza moral.

En todo lo que hagas vigílate a ti mismo, porque haciendo todo esto cumples los mandamientos.

ECLESIÁSTICO 32:23

Condúzcanse bien entre los paganos. Así ellos, aunque ahora hablen contra ustedes como si ustedes fueran malhechores, verán el bien que ustedes hacen y alabarán a Dios el día en que él pida cuentas a todos.

1 PEDRO 2:12

Cuida tu mente más que nada en el mundo, porque ella es fuente de vida. Evita el decir cosas falsas; apártate de la mentira. Mira siempre adelante, mira siempre de frente. Fíjate bien en dónde pones los pies, y siempre pisarás terreno firme. No te desvíes de tu camino; evita el andar en malos pasos.

PROVERBIOS 4:23–27

Hazte querer de los demás, y sé respetuoso con las autoridades. Escucha con atención al pobre, y con sencillez devuélvele el saludo. Libra del opresor al oprimido, y no te niegues a dar un fallo justo.

ECLESIÁSTICO 4:7–9

No confíes en riquezas mal habidas, pues de nada te servirán el día del castigo. No avientes el trigo a cualquier viento, ni camines en cualquier dirección. Sé constante en tu manera de pensar, y no tengas más que una palabra. Date prisa para escuchar, pero ten calma para responder.

ECLESIÁSTICO 5:8–11

Señor, ¿quién puede residir en tu santuario?, ¿quién puede habitar en tu santo monte? Sólo el que vive sin tacha y practica la justicia; el que dice la verdad de todo corazón; el que no habla mal de nadie; el que no hace daño a su amigo ni ofende a su vecino; el que mira con desprecio a quien desprecio merece, pero honra a quien honra al Señor; el que cumple sus promesas aunque le vaya mal; el que presta su dinero sin exigir intereses; el que no acepta soborno en contra del inocente. El que así vive, jamás caerá.

SALMOS 15:1–5

El que no olvida lo que oye, sino que se fija atentamente en la ley perfecta de la libertad, y permanece firme cumpliendo lo que ella manda, será feliz en lo que hace.

SANTIAGO 1:25

Vale más tener buena fama y reputación, que abundancia de oro y plata.

PROVERBIOS 22:1

¡Un nombre respetado es mejor que grandes riquezas; ser estimado es mejor que el oro y la plata!

PROVERBIOS 22:1 (LATINOAMERICANA)

Háganlo todo sin murmuraciones ni discusiones, para que nadie encuentre en ustedes culpa ni falta alguna, y sean hijos de Dios sin mancha en medio de esta gente mala y perversa. Entre ellos brillan ustedes como estrellas en el mundo.

FILIPENSES 2:14–15

Los que procuran la paz, siembran en paz para recoger como fruto la justicia.

SANTIAGO 3:18

Recuerda a los otros que se sometan al gobierno y a las autoridades, que sean obedientes y que siempre estén dispuestos a hacer lo bueno. Que no hablen mal de nadie, que sean pacíficos y bondadosos, y que se muestren humildes de corazón en su trato con todos.

TITO 3:1–2

Caridad
n.: Entrega de ayuda a los pobres y sufrientes.

Dijo también al hombre que lo había invitado: —Cuando des una comida o una cena, no invites a tus amigos, ni a tus hermanos, ni a tus parientes, ni a tus vecinos ricos; porque ellos, a su vez, te invitarán, y así quedarás ya recompensado. Al contrario, cuando tú des un banquete, invita a los pobres, los inválidos, los cojos y los ciegos; y serás feliz. Pues ellos no te pueden pagar, pero tú tendrás tu recompensa el día en que los justos resuciten.

LUCAS 14:12–14

Siempre doy gracias a mi Dios al acordarme de ti en mis oraciones, porque he tenido noticias del amor y la fe que tienes para con el Señor Jesús y para con todos los que pertenecen al pueblo santo. Y pido a Dios que tu participación en la misma fe te lleve a conocer todo el bien que podemos realizar por amor a Cristo. Estoy muy contento y animado por tu amor, ya que tú, hermano, has llenado de consuelo el corazón de los que pertenecen al pueblo santo.

FILEMÓN 1:4–7

Hijo mío, no te burles del que vive en la aflicción, ni desprecies al que sufre amargamente. No dejes sufrir al que esté necesitado, ni te escondas del que esté abatido. No hagas sufrir al que tiene el corazón afligido, ni le niegues tu ayuda al pobre. No rechaces al débil que te pida ayuda.

ECLESIÁSTICO 4:1–4

Cuando ayudes a los necesitados, no lo publiques a los cuatro vientos, como hacen los hipócritas en las sinagogas y en las calles para que la gente hable bien de ellos. Les aseguro que con eso ya tienen su premio.

MATEO 6:2

Tan grande como su misericordia es su castigo; él juzga a cada uno según lo que haya hecho. No deja escapar al malvado con su presa, ni deja sin cumplir los deseos del justo. Todo el que da limosna tendrá su premio, cada uno conforme a lo que haya hecho.

ECLESIÁSTICO 16:12–14

No hagan sus buenas obras delante de la gente sólo para que los demás los vean. Si lo hacen así, su Padre que está en el cielo no les dará ningún premio. Por eso, cuando ayudes a los necesitados, no lo publiques a los cuatro vientos, como hacen los hipócritas en las sinagogas y en las calles para que la gente hable bien de ellos. Les aseguro que con eso ya tienen su premio.

MATEO 6:1–2

Los justos preguntarán: "Señor, ¿cuándo te vimos con hambre, y te dimos de comer? ¿O cuándo te vimos con sed, y te dimos de beber? ¿O cuándo te vimos como forastero, y te dimos alojamiento, o sin ropa, y te la dimos? ¿O cuándo te vimos enfermo o en la cárcel, y fuimos a verte?" El Rey les contestará: "Les aseguro que todo lo que hicieron por uno de estos hermanos míos más humildes, por mí mismo lo hicieron".

MATEO 25:37–40

Dichoso el que piensa en el débil y pobre; el Señor lo librará en tiempos malos. El Señor lo protegerá, le dará vida y felicidad en la tierra, y no lo abandonará al capricho de sus enemigos. El Señor le dará fuerzas en el lecho del dolor; ¡convertirá su enfermedad en salud!

SALMOS 41:1–3

Elecciones
n.: Persona o cosa escogida.

El necio cree que todo lo que hace está bien, pero el sabio atiende los consejos.

PROVERBIOS 12:15

Hermanos, deben darse cuenta de que Dios los ha llamado a pesar de que pocos de ustedes son sabios según los criterios humanos, y pocos de ustedes son gente con autoridad o pertenecientes a familias importantes. Y es que, para avergonzar a los sabios, Dios ha escogido a los que el mundo tiene por tontos; y para avergonzar a los fuertes, ha escogido a los que el mundo tiene por débiles. Dios ha escogido a la gente despreciada y sin importancia de este mundo, es decir, a los que no son nada, para anular a los que son algo. Así nadie podrá presumir delante de Dios. Pero Dios mismo los ha unido a ustedes con Cristo Jesús, y ha hecho también que Cristo sea nuestra sabiduría, nuestra justicia, nuestra santificación y nuestra liberación. De esta manera, como dice la Escritura: «Si alguno quiere enorgullecerse, que se enorgullezca del Señor».

1 CORINTIOS 1:26–31

Ustedes no me escogieron a mí, sino que yo los he escogido a ustedes y les he encargado que vayan y den mucho fruto, y que ese fruto permanezca. Así el Padre les dará todo lo que le pidan en mi nombre. Esto, pues, es lo que les mando: Que se amen unos a otros. Si el mundo los odia a ustedes, sepan que a mí me odió primero. Si ustedes fueran del mundo, la gente del mundo los amaría, como ama a los suyos. Pero yo los escogí a ustedes entre los que son del mundo, y por eso el mundo los odia, porque ya no son del mundo. Acuérdense de esto que les dije: "Ningún servidor es más que su señor." Si a mí me han perseguido, también a ustedes los perseguirán; y si han hecho caso de mi palabra, también harán caso de la de ustedes.

JUAN 15:16–20

En este día pongo al cielo y a la tierra por testigos contra ustedes, de que les he dado a elegir entre la vida y la muerte, y entre la bendición y la maldición. Escojan, pues, la vida, para que vivan ustedes y sus descendientes.

DEUTERONOMIO 30:19

"Yo les di a ustedes tierras que no habían trabajado y ciudades que no habían construido. Ahora viven en ellas, y comen uvas y aceitunas que no plantaron." Y añadió Josué: —Por todo esto, respeten al Señor y sírvanle con sinceridad y lealtad. Apártense de los dioses que sus antepasados adoraron a orillas del río Éufrates y en Egipto, y sirvan al Señor. Pero si no quieren servir al Señor, elijan hoy a quién van a servir: si a los dioses a los que sus antepasados servían a orillas del Éufrates, o a los dioses de los amorreos que viven en esta tierra. Por mi parte, mi familia y yo serviremos al Señor. Entonces el pueblo dijo: —¡No permita el Señor que lo abandonemos por servir a otros dioses!

JOSUÉ 24:13–16

Jesús siguió su camino y llegó a una aldea, donde una mujer llamada Marta lo hospedó. Marta tenía una hermana llamada María, la cual se sentó a los pies de Jesús para escuchar lo que él decía. Pero Marta, que estaba atareada con sus muchos quehaceres, se acercó a Jesús y le dijo: —Señor, ¿no te preocupa nada que mi hermana me deje sola con todo el trabajo? Dile que me ayude. Pero Jesús le contestó: —Marta, Marta, estás preocupada y te inquietas por demasiadas cosas, pero sólo una cosa es necesaria. María ha escogido la mejor parte, y nadie se la va a quitar.

LUCAS 10:38–42

Consuelo

n.: Hechos o palabras que dan fortaleza y esperanza y que alivian el sufrimiento o la angustia de alguien.

Tampoco Cristo buscó agradarse a sí mismo; al contrario, en él se cumplió lo que dice la Escritura: «Las ofensas de los que te insultaban cayeron sobre mí.» Todo lo que antes se dijo en las Escrituras, se escribió para nuestra instrucción, para que con constancia y con el consuelo que de ellas recibimos, tengamos esperanza.

ROMANOS 15:3–4

Alabado sea el Dios y Padre de nuestro Señor Jesucristo, pues él es el Padre que nos tiene compasión y el Dios que siempre nos consuela. Él nos consuela en todos nuestros sufrimientos, para que nosotros podamos consolar también a los que sufren, dándoles el mismo consuelo que él nos ha dado a nosotros.

2 CORINTIOS 1:3–4

El Señor es mi pastor; nada me falta. En verdes praderas me hace descansar, a las aguas tranquilas me conduce, me da nuevas fuerzas y me lleva por caminos rectos, haciendo honor a su nombre. Aunque pase por el más oscuro de los valles, no temeré peligro alguno, porque tú, Señor, estás conmigo; tu vara y tu bastón me inspiran confianza. Me has preparado un banquete ante los ojos de mis enemigos; has vertido perfume en mi cabeza, y has llenado mi copa a rebosar. Tu bondad y tu amor me acompañan a lo largo de mis días, y en tu casa, oh Señor, por siempre viviré.

SALMOS 23:1–6

Si el Señor no me hubiera ayudado, yo estaría ya en el silencio de la muerte. Cuando alguna vez dije: «Mis pies resbalan», tu amor, Señor, vino en mi ayuda. En medio de las preocupaciones que se agolpan en mi mente, tú me das consuelo y alegría.

SALMOS 94:17–19

Como una madre consuela a su hijo, así los consolaré yo a ustedes, y encontrarán el consuelo en Jerusalén.

ISAÍAS 66:13

Tu justicia, oh Dios, llega hasta el cielo; tú has hecho grandes cosas; ¡no hay nadie como tú! Aunque me has hecho ver muchas desgracias y aflicciones, me harás vivir de nuevo; me levantarás de lo profundo de la tierra, aumentarás mi grandeza y volverás a consolarme.

SALMOS 71:19–21

Al llegar, Jesús se encontró con que ya hacía cuatro días que Lázaro había sido sepultado. Betania se hallaba cerca de Jerusalén, a unos tres kilómetros; y muchos de los judíos habían ido a visitar a Marta y a María, para consolarlas por la muerte de su hermano. Cuando Marta supo que Jesús estaba llegando, salió a recibirlo; pero María se quedó en la casa. Marta le dijo a Jesús: —Señor, si hubieras estado aquí, mi hermano no habría muerto. Pero yo sé que aun ahora Dios te dará todo lo que le pidas. Jesús le contestó: —Tu hermano volverá a vivir.

JUAN 11:17–23

Éste es mi consuelo en la tristeza: que con tus promesas me das vida.

SALMOS 119:50

Las muchachas bailarán alegremente, lo mismo que los jóvenes y los viejos. Yo les daré consuelo: convertiré su llanto en alegría, y les daré una alegría mayor que su dolor.

JEREMÍAS 31:13

Después que Job oró por sus amigos, Dios le devolvió su prosperidad anterior, y aun le dio dos veces más de lo que antes tenía. Entonces fueron a visitarlo todos sus hermanos, hermanas y amigos, y todos sus antiguos conocidos, y en su compañía celebraron un banquete en su casa. Le ofrecieron sus condolencias y lo consolaron por todas las calamidades que el Señor le había enviado.

JOB 42:10–11

Confesión

n.: Revelación de pecados durante el
sacramento de la penitencia.

Si decimos que estamos unidos a él, y al mismo tiempo vivimos
en la oscuridad, mentimos y no practicamos la verdad. Pero si vivimos en la luz, así como Dios está en la luz, entonces hay unión
entre nosotros, y la sangre de su Hijo Jesús nos limpia de todo
pecado. Si decimos que no tenemos pecado, nos engañamos a
nosotros mismos y no hay verdad en nosotros; pero si confesamos
nuestros pecados, podemos confiar en que Dios, que es justo, nos
perdonará nuestros pecados y nos limpiará de toda maldad. Si
decimos que no hemos cometido pecado, hacemos que Dios pa-
rezca mentiroso y no hemos aceptado verdaderamente su palabra.

1 JUAN 1:6–10

Cuando oren con fe, el enfermo sanará, y el Señor lo levantará;
y si ha cometido pecados, le serán perdonados. Por eso, confié-
sense unos a otros sus pecados, y oren unos por otros para ser
sanados. La oración fervorosa del justo tiene mucho poder.

SANTIAGO 5:15–16

Al que disimula el pecado, no le irá bien; pero el que lo confiesa
y lo deja, será perdonado.

PROVERBIOS 28:13

Al que encubre sus faltas, no le saldrá bien; el que las confiesa y
abandona, obtendrá piedad.

PROVERBIOS 28:13 (JERUSALÉN)

Al llevar esta ayuda a los hermanos, no solamente les llevamos
lo que les haga falta, sino que también los movemos a dar muchas gracias a Dios. Y ellos alabarán a Dios, pues esta ayuda les
demostrará que ustedes obedecen al evangelio que profesan, al
evangelio de Cristo. También ellos honrarán a Dios por la gene-
rosa contribución de ustedes para ellos y para todos.

2 CORINTIOS 9:12–13

Mantengámonos firmes, sin dudar, en la esperanza de la fe
que profesamos, porque Dios cumplirá la promesa que nos ha
hecho.

HEBREOS 10:23

¿Qué es, pues, lo que dice?: «La palabra está cerca de ti, en tu
boca y en tu corazón.» Esta palabra es el mensaje de fe que pre-
dicamos. Si con tu boca reconoces a Jesús como Señor, y con tu
corazón crees que Dios lo resucitó, alcanzarás la salvación. Pues
con el corazón se cree para alcanzar la justicia, y con la boca se
reconoce a Jesucristo para alcanzar la salvación.

ROMANOS 10:8–10

Feliz el hombre a quien sus culpas y pecados le han sido perdonados por completo. Feliz el hombre que no es mal intencionado y a quien el Señor no acusa de falta alguna. Mientras no
confesé mi pecado, mi cuerpo iba decayendo por mi gemir de
todo el día, pues de día y de noche tu mano pesaba sobre mí.
Como flor marchita por el calor del verano, así me sentía decaer.
Pero te confesé sin reservas mi pecado y mi maldad; decidí confesarte mis pecados, y tú, Señor, los perdonaste.

SALMOS 32:1–5

También muchos de los que creyeron llegaban confesando públicamente todo lo malo que antes habían hecho, y muchos que
habían practicado la brujería trajeron sus libros y los quemaron
en presencia de todos. Cuando se calculó el precio de aquellos
libros, resultó que valían como cincuenta mil monedas de plata.

HECHOS 19:18-19

Y así se presentó Juan el Bautista en el desierto; decía a todos
que debían volverse a Dios y ser bautizados, para que Dios les
perdonara sus pecados. Todos los de la región de Judea y de la
ciudad de Jerusalén salían a oírlo. Confesaban sus pecados, y
Juan los bautizaba en el río Jordán.

MARCOS 1:4–5

Conflicto

n.: Desacuerdo brusco y molestoso, o lucha
mental que resulta de necesidades, exigencias,
impulsos o deseos opuestos o incompatibles.

También han oído que se dijo: "Ama a tu prójimo y odia a tu
enemigo." Pero yo les digo: Amen a sus enemigos, y oren por
quienes los persiguen. Así ustedes serán hijos de su Padre que
está en el cielo; pues él hace que su sol salga sobre malos y buenos, y manda la lluvia sobre justos e injustos. Porque si ustedes
aman solamente a quienes los aman, ¿qué premio recibirán?
Hasta los que cobran impuestos para Roma se portan así. Y si
saludan solamente a sus hermanos, ¿qué hacen de extraordinario? Hasta los paganos se portan así. Sean ustedes perfectos,
como su Padre que está en el cielo es perfecto.

MATEO 5:43–48

Quien quiera amar la vida y pasar días felices, cuide su lengua
de hablar mal y sus labios de decir mentiras; aléjese del mal y
haga el bien, busque la paz y sígala. Porque el Señor cuida a los
justos y presta oídos a sus oraciones, pero está en contra de los
malhechores.

1 PEDRO 3:10–12

Hay seis cosas, y hasta siete, que el Señor aborrece por completo: los ojos altaneros, la lengua mentirosa, las manos que asesi-
nan a gente inocente, la mente que elabora planes perversos, los
pies que corren ansiosos al mal, el testigo falso y mentiroso, y el
que provoca peleas entre hermanos.

PROVERBIOS 6:16–19

El odio provoca peleas, pero el amor perdona todas las faltas.

PROVERBIOS 10:12

Alejen de ustedes la amargura, las pasiones, los enojos, los
gritos, los insultos y toda clase de maldad. Sean buenos y

compasivos unos con otros, y perdónense mutuamente, como Dios los perdonó a ustedes en Cristo.

EFESIOS 4:31–32

Dios arregló el cuerpo de tal manera que los miembros menos estimados reciban más honor, para que no haya desunión en el cuerpo, sino que cada miembro del cuerpo se preocupe por los otros.

1 CORINTIOS 12:24–25

Si alguno dice: «Yo amo a Dios», y al mismo tiempo odia a su hermano, es un mentiroso. Pues si uno no ama a su hermano, a quien ve, tampoco puede amar a Dios, a quien no ve. Jesucristo nos ha dado este mandamiento: que el que ama a Dios, ame también a su hermano.

1 JUAN 4:20–21

No le pongas pleito a un poderoso, si no quieres caer en sus manos. No pelees con un rico; su dinero pesa mucho, y saldrás perdiendo. Porque el oro ha hecho altaneros a muchos, y la riqueza, orgullosos a los importantes. No disputes con un charlatán: es como echar leña al fuego. No andes en compañía de tontos, para que no te desprecien los importantes.

ECLESIÁSTICO 8:1–4

Queridos hermanos, no tomen venganza ustedes mismos, sino dejen que Dios sea quien castigue; porque la Escritura dice: «A mí me corresponde hacer justicia; yo pagaré, dice el Señor.» Y también: «Si tu enemigo tiene hambre, dale de comer; y si tiene sed, dale de beber; así harás que le arda la cara de vergüenza.» No te dejes vencer por el mal. Al contrario, vence con el bien el mal.

ROMANOS 12:19–21

Conciencia

n.: Sensación o conocimiento de bondad o maldad moral de la conducta, de las intenciones o del carácter de alguien, junto con un sentimiento de obligación de hacer el bien o de ser bueno.

Hermanos, ahora podemos entrar con toda libertad en el santuario gracias a la sangre de Jesús, siguiendo el nuevo camino de vida que él nos abrió a través del velo, es decir, a través de su propio cuerpo. Tenemos un gran sacerdote al frente de la casa de Dios. Por eso, acerquémonos a Dios con corazón sincero y con una fe completamente segura, limpios nuestros corazones de mala conciencia y lavados nuestros cuerpos con agua pura.

HEBREOS 10:19–22

Oren por nosotros, que estamos seguros de tener la conciencia tranquila, ya que queremos portarnos bien en todo. Pido especialmente sus oraciones para que Dios me permita volver a estar pronto con ustedes. Que el Dios de paz, que resucitó de la muerte a nuestro Señor Jesús, el gran Pastor de las ovejas, quien con su sangre confirmó su alianza eterna, los haga a ustedes perfectos y buenos en todo, para que cumplan su voluntad; y que haga de nosotros lo que él quiera, por medio de Jesucristo. ¡Gloria para siempre a Cristo! Amén.

HEBREOS 13:18–21

Los sufrimientos que soporté con paciencia, los milagros, maravillas y prodigios de que ustedes fueron testigos, son la prueba de que soy un verdadero apóstol. Perdónenme si los ofendí, pero sólo en una cosa han sido ustedes menos que las otras iglesias: ¡en que yo no fui una carga para ustedes! Ya estoy preparado para hacerles mi tercera visita, y tampoco ahora les seré una carga. Yo no busco lo que ustedes tienen, sino a ustedes mismos; porque son los padres quienes deben juntar dinero para los hijos, y no los hijos para los padres.

2 CORINTIOS 12:12–14

Que no enseñen ideas falsas ni presten atención a cuentos y cuestiones interminables acerca de los antepasados. Estas cosas llevan solamente a la discusión y no ayudan a conocer el designio de Dios, que se vive en la fe. El propósito de esa orden es que nos amemos unos a otros con el amor que proviene de un corazón limpio, de una buena conciencia y de una fe sincera.

1 Timoteo 1:3–5

Y aquella agua representaba el agua del bautismo, por medio del cual somos ahora salvados. El bautismo no consiste en limpiar el cuerpo, sino en pedirle a Dios una conciencia limpia; y nos salva por la resurrección de Jesucristo, que subió al cielo y está a la derecha de Dios, y al que han quedado sujetos los ángeles y demás seres espirituales que tienen autoridad y poder.

1 Pedro 3:21–22

Es verdad que la sangre de los toros y chivos, y las cenizas de la becerra que se quema en el altar, las cuales son rociadas sobre los que están impuros, tienen poder para consagrarlos y purificarlos por fuera. Pero si esto es así, ¡cuánto más poder tendrá la sangre de Cristo! Pues por medio del Espíritu eterno, Cristo se ofreció a sí mismo a Dios como sacrificio sin mancha, y su sangre limpia nuestra conciencia de las obras que llevan a la muerte, para que podamos servir al Dios viviente.

Hebreos 9:13–14

No son justos ante Dios los que solamente oyen la ley, sino los que la obedecen. Porque cuando los que no son judíos ni tienen la ley hacen por naturaleza lo que la ley manda, ellos mismos son su propia ley, pues muestran por su conducta que llevan la ley escrita en el corazón. Su propia conciencia lo comprueba, y sus propios pensamientos los acusarán o los defenderán el día en que Dios juzgará los secretos de todos por medio de Cristo Jesús, conforme al evangelio que yo anuncio.

Romanos 2:13–16

Contrición

n.: Estado de sentir o mostrar tristeza y
remordimiento por un mal que se ha hecho.

Desde que llegamos a Macedonia, no hemos tenido ningún
descanso, sino que en todas partes hemos encontrado dificultades: luchas a nuestro alrededor y temores en nuestro interior.
Pero Dios, que anima a los desanimados, nos animó con la llegada de Tito; y no solamente con su llegada, sino también por
el hecho de que él se sentía muy animado a causa de ustedes.
Él nos habló de lo mucho que ustedes desean vernos, y nos
contó de la tristeza que sienten y de su preocupación por mí; y
con todo esto me alegré más todavía. Aunque la carta que les
escribí los entristeció, no lo lamento ahora. Y si antes lo lamen-
té viendo que esa carta los había entristecido por un poco de
tiempo, ahora me alegro; no por la tristeza que les causó, sino
porque esa tristeza los hizo volverse a Dios. Fue una tristeza
según la voluntad de Dios, así que nosotros no les causamos
ningún daño; pues la tristeza según la voluntad de Dios conduce a una conversión que da por resultado la salvación, y no
hay nada que lamentar. Pero la tristeza del mundo produce la
muerte. Su tristeza, que fue según la voluntad de Dios, ¡miren
qué resultados ha dado! Los hizo tomar en serio el asunto y
defenderme; los hizo enojar, y también sentir miedo. Después
tuvieron deseos de verme, sintieron celos por mí y castigaron
al culpable. Con todo lo cual han demostrado ustedes que no
tuvieron nada que ver en este asunto.

2 CORINTIOS 7:5–11

Señor, abre mis labios, y con mis labios te cantaré alabanzas.
Pues tú no quieres ofrendas ni holocaustos; yo te los daría, pero
no es lo que te agrada. Las ofrendas a Dios son un espíritu dolido; ¡tú no desprecias, oh Dios, un corazón hecho pedazos!

SALMOS 51:15–17

Cuando grites pidiendo auxilio, tus ídolos no te ayudarán ni
te librarán. A todos ellos se los llevará el viento; un soplo los

hará desaparecer. En cambio, el que confía en mí habitará en el país y vivirá en mi monte santo.» Entonces se oirá decir: «Preparen un camino bien llano, quiten los obstáculos para que pase mi pueblo.» Porque el Altísimo, el que vive para siempre y cuyo nombre es santo, dice: «Yo vivo en un lugar alto y sagrado, pero también estoy con el humilde y afligido, y le doy ánimo y aliento.»

ISAÍAS 57:13-15

Yo era como un novillo sin domar, pero tú me has domado; hazme volver a ti, pues tú eres el Señor, mi Dios. Yo me aparté de ti, pero estoy arrepentido; he reconocido mi pecado y me doy golpes en el muslo; me siento avergonzado y humillado por los pecados de mi juventud.

JEREMÍAS 31:18-19

El hombre en quien yo me fijo es el pobre y afligido que respeta mi palabra.

ISAÍAS 66:2

En quien fijo realmente mis ojos es en el pobre y en el corazón arrepentido, que se estremece por mi palabra.

ISAÍAS 66:2 (LATINOAMERICANA)

Señor, abre mis labios, y con mis labios te cantaré alabanzas. Pues tú no quieres ofrendas ni holocaustos; yo te los daría, pero no es lo que te agrada. Las ofrendas a Dios son un espíritu dolido; ¡tú no desprecias, oh Dios, un corazón hecho pedazos!

SALMOS 51:15-17

¡Aleluya! ¡Qué bueno es cantar himnos a nuestro Dios! ¡A él se le deben dulces alabanzas! El Señor reconstruye a Jerusalén y reúne a los dispersos de Israel. Él sana a los que tienen roto el corazón, y les venda las heridas. Él determina el número de las estrellas, y a cada una le pone nombre. Grande es nuestro Dios, y grande su poder; su inteligencia es infinita.

SALMOS 147:1-5

Señor, respóndeme; ¡tú eres bueno y todo amor! Por tu inmensa ternura, fíjate en mí; ¡no rechaces a este siervo tuyo! ¡Respóndeme pronto, que estoy en peligro! Acércate a mí, y sálvame; ¡líbrame de mis enemigos! Tú conoces las ofensas, la vergüenza y la deshonra que he sufrido; tú sabes quiénes son mis enemigos.

SALMOS 69:16–19

Valor
n.: Fuerza mental o moral para arriesgarse, perseverar
y resistir el peligro, el temor o la dificultad.

Fortalezcan a los débiles, den valor a los cansados, digan a los tímidos: «¡Ánimo, no tengan miedo! ¡Aquí está su Dios para salvarlos, y a sus enemigos los castigará como merecen!

ISAÍAS 35:3–4

Yo soy quien te manda que tengas valor y firmeza. No tengas miedo ni te desanimes porque yo, tu Señor y Dios, estaré contigo dondequiera que vayas.

JOSUÉ 1:9

¿No te he mandado que seas valiente y firme? No tengas miedo ni te acobardes, porque Yahveh tu Dios estará contigo dondequiera que vayas.

JOSUÉ 1:9 (JERUSALÉN)

Guíame por el buen camino a causa de mis enemigos; no me entregues a su voluntad, pues se han levantado contra mí testigos falsos y violentos. Pero yo estoy convencido de que llegaré a ver la bondad del Señor a lo largo de esta vida. ¡Ten confianza en el Señor! ¡Ten valor, no te desanimes! ¡Sí, ten confianza en el Señor!

SALMOS 27:11–14

Hoy van a luchar contra sus enemigos. No se desanimen ni tengan miedo; no tiemblen ni se asusten.

DEUTERONOMIO 20:3

Tengan valor y firmeza; no tengan miedo ni se asusten cuando se enfrenten con ellas, porque el Señor su Dios está con ustedes y no los dejará ni los abandonará. El Señor mismo irá delante de ti, y estará contigo; no te abandonará ni te desamparará; por lo tanto, no tengas miedo ni te acobardes.

DEUTERONOMIO 31:6, 8

Les digo todo esto para que encuentren paz en su unión conmigo. En el mundo, ustedes habrán de sufrir; pero tengan valor: yo he vencido al mundo.

JUAN 16:33

¡Sé fuerte y ten buen ánimo; y manos a la obra! No temas ni desmayes, porque Yavé, Dios, el Dios mío, está contigo, no te dejará ni te desamparará.

1 CRÓNICAS 28:20 (LATINOAMERICANA)

¡Ten valor y firmeza, y pon manos a la obra! ¡No te desanimes ni tengas miedo, porque el Señor mi Dios estará contigo! Él no te dejará ni te abandonará.

1 CRÓNICAS 28:20

A la madrugada, fue Jesús hacia ellos caminando sobre el agua, y ya iba a pasar junto a ellos. Cuando lo vieron andar sobre el agua, pensaron que era un fantasma, y gritaron; porque todos lo vieron y se asustaron. Pero en seguida él les habló, diciéndoles: —¡Calma! ¡Soy yo: no tengan miedo! Subió a la barca, y se calmó el viento; y ellos se quedaron muy asombrados.

MARCOS 6:48–51

Manténganse despiertos y firmes en la fe. Tengan mucho valor y firmeza. Y todo lo que hagan, háganlo con amor.

1 CORINTIOS 16:13–14

Yo sé que todo esto será para mi salvación, gracias a las oraciones de ustedes y a la ayuda que me da el Espíritu de Jesucristo. Pues espero firmemente que Dios no me dejará quedar mal, sino que, ahora como siempre, se mostrará públicamente en mí la grandeza de Cristo, tanto si sigo vivo como si muero. Porque para mí, seguir viviendo es Cristo, y morir, una ganancia. Y si al seguir viviendo en este cuerpo, mi trabajo puede producir tanto fruto, entonces no sé qué escoger. Me es difícil decidirme por una de las dos cosas: por un lado, quisiera morir para ir a estar con Cristo, pues eso sería mucho mejor para mí; pero, por otro lado, a causa de ustedes es más necesario que siga viviendo. Y como estoy convencido de esto, sé que me quedaré todavía con ustedes.

FILIPENSES 1:19–25

Alianza

n.: Pacto solemne y vinculante.

Mostró a su pueblo el poder de sus obras, dándole lo que era posesión de los paganos. Lo que él hace es justo y verdadero; se puede confiar en sus mandamientos, pues son firmes hasta la eternidad y están hechos con verdad y rectitud. Dio libertad a su pueblo y afirmó su alianza para siempre. Dios es santo y terrible.

SALMOS 111:6–9

Mientras comían, Jesús tomó en sus manos el pan y, habiendo dado gracias a Dios, lo partió y se lo dio a los discípulos, diciendo: —Tomen y coman, esto es mi cuerpo. Luego tomó en sus manos una copa y, habiendo dado gracias a Dios, se la pasó a ellos, diciendo: —Beban todos ustedes de esta copa, porque esto es mi sangre, con la que se confirma la alianza, sangre que es derramada en favor de muchos para perdón de sus pecados. Pero les digo que no volveré a beber de este producto de la vid, hasta el día en que beba con ustedes el vino nuevo en el reino de mi Padre.

MATEO 26:26–29

Ustedes, que no son judíos, y a quienes llaman «no circuncidados» los judíos (que circuncidan al hombre en el cuerpo, y a sí mismos se llaman «circuncidados»), recuerden que en otro tiempo estaban sin Cristo, separados de la nación de Israel, y no tenían parte en las alianzas ni en la promesa de Dios. Vivían en este mundo, sin Dios y sin esperanza. Pero ahora, unidos a Cristo Jesús por la sangre que él derramó, ustedes que antes estaban lejos están cerca.

EFESIOS 2:11-13

Cristo ya vino, y ahora él es el Sumo sacerdote de los bienes definitivos. El santuario donde él actúa como sacerdote es mejor y más perfecto, y no ha sido hecho por los hombres; es decir, no es de esta creación. Cristo ha entrado en el santuario, ya no para ofrecer la sangre de chivos y becerros, sino su propia sangre; ha entrado una sola vez y para siempre, y ha obtenido para nosotros la liberación eterna. Es verdad que la sangre de los toros y chivos, y las cenizas de la becerra que se quema en el altar, las cuales son rociadas sobre los que están impuros, tienen poder para consagrarlos y purificarlos por fuera. Pero si esto es así, ¡cuánto más poder tendrá la sangre de Cristo! Pues por medio del Espíritu eterno, Cristo se ofreció a sí mismo a Dios como sacrificio sin mancha, y su sangre limpia nuestra conciencia de las obras que llevan a la muerte, para que podamos servir al Dios viviente. Por eso, Jesucristo es mediador de una nueva alianza y un nuevo testamento, pues con su muerte libra a los hombres de los pecados cometidos bajo la primera alianza, y hace posible que los que Dios ha llamado reciban la herencia eterna que él les ha prometido.

HEBREOS 9:11-15

Confiados en Dios por medio de Cristo, estamos seguros de esto. No es que nosotros mismos estemos capacitados para considerar algo como nuestro; al contrario, todo lo que podemos hacer viene de Dios, pues él nos ha capacitado para ser servidores de una nueva alianza, basada no en una ley, sino en la acción del Espíritu. La ley condena a muerte, pero el Espíritu de Dios da vida.

2 CORINTIOS 3:4-6

¡Bendito sea el Señor, Dios de Israel, porque ha venido a rescatar a su pueblo! Nos ha enviado un poderoso salvador, un descendiente de David, su siervo. Esto es lo que había prometido en el pasado por medio de sus santos profetas: que nos salvaría de nuestros enemigos y de todos los que nos odian, que tendría compasión de nuestros antepasados y que no se olvidaría de su santa alianza. Y éste es el juramento que había hecho a nuestro padre Abraham: que nos permitiría vivir sin temor alguno, libres de nuestros enemigos, para servirle.

LUCAS 1:68–74

Caminar diario
n.: Características o atributos que se llevan a cabo
dentro de los límites de la vida cotidiana de alguien.

Cuando todas las cosas son puestas al descubierto por la luz, quedan en claro, porque todo lo que se deja poner en claro, participa de la luz. Por eso se dice: «Despierta, tú que duermes; levántate de entre los muertos, y Cristo te alumbrará.» Por lo tanto, cuiden mucho su comportamiento. No vivan neciamente, sino con sabiduría. Aprovechen bien este momento decisivo, porque los días son malos. No actúen tontamente; procuren entender cuál es la voluntad del Señor.

EFESIOS 5:13–17

Hermanos míos, les ruego por la misericordia de Dios que se presenten ustedes mismos como ofrenda viva, santa y agradable a Dios. Éste es el verdadero culto que deben ofrecer. No vivan ya según los criterios del tiempo presente; al contrario, cambien su manera de pensar para que así cambie su manera de vivir y lleguen a conocer la voluntad de Dios, es decir, lo que es bueno, lo que le es grato, lo que es perfecto. Por el encargo que Dios en su bondad me ha dado, digo a todos ustedes que ninguno piense de sí mismo más de lo que debe pensar. Antes bien, cada uno piense de sí con moderación, según los dones que Dios le haya dado junto con la fe.

ROMANOS 12:1–3

Si uno obedece su palabra, en él se ha perfeccionado verdaderamente el amor de Dios, y de ese modo sabemos que estamos unidos a él. El que dice que está unido a Dios, debe vivir como vivió Jesucristo.

1 JUAN 2:5–6

Por esto yo, que estoy preso por la causa del Señor, les ruego que se porten como deben hacerlo los que han sido llamados por Dios, como lo fueron ustedes. Sean humildes y amables; tengan paciencia y sopórtense unos a otros con amor.

EFESIOS 4:1–2

Feliz el hombre que no sigue el consejo de los malvados, ni va por el camino de los pecadores, ni hace causa común con los que se burlan de Dios, sino que pone su amor en la ley del Señor y en ella medita noche y día. Ese hombre es como un árbol plantado a la orilla de un río, que da su fruto a su tiempo y jamás se marchitan sus hojas. ¡Todo lo que hace, le sale bien!

SALMOS 1:1–3

Vivan según el Espíritu, y no busquen satisfacer sus propios malos deseos. Porque los malos deseos están en contra del Espíritu, y el Espíritu está en contra de los malos deseos. El uno está en contra de los otros, y por eso ustedes no pueden hacer lo que quisieran. Pero si el Espíritu los guía, entonces ya no estarán sometidos a la ley.

GÁLATAS 5:16–18

¿Se alegrará el Señor, si le ofrezco mil carneros o diez mil ríos de aceite? ¿O si le ofrezco a mi hijo mayor en pago de mi rebelión y mi pecado? El Señor ya te ha dicho, oh hombre, en qué consiste lo bueno y qué es lo que él espera de ti: que hagas justicia, que seas fiel y leal y que obedezcas humildemente a tu Dios.

MIQUEAS 6:7–8

Feliz el pueblo que sabe alabarte con alegría y camina alumbrado por tu luz, que en tu nombre se alegra todo el tiempo y se entusiasma por tu rectitud. En verdad, tú eres su fuerza

y hermosura; nuestro poder aumenta por tu buena voluntad.
¡Nuestro escudo es el Señor! ¡Nuestro Rey es el Santo de Israel!

SALMOS 89:15–18

Muerte

n.: Estado de ya no estar vivo; ausencia de vida.

El Señor destruirá para siempre la muerte, secará las lágrimas
de los ojos de todos y hará desaparecer en toda la tierra la deshonra de su pueblo. El Señor lo ha dicho.

ISAÍAS 25:8

Mucho le cuesta al Señor ver morir a los que lo aman. ¡Oh Señor, yo soy tu siervo! ¡Yo soy el hijo de tu sierva! Tú has roto los
lazos que me ataban. En gratitud, te ofreceré sacrificios, e invo-
caré, Señor, tu nombre.

SALMOS 116:15–17

Si nuestra esperanza en Cristo solamente vale para esta vida,
somos los más desdichados de todos. Pero lo cierto es que Cristo ha resucitado. Él es el primer fruto de la cosecha: ha sido el
primero en resucitar. Así como por causa de un hombre vino la
muerte, también por causa de un hombre viene la resurrección
de los muertos. Y así como en Adán todos mueren, así también
en Cristo todos tendrán vida.

1 CORINTIOS 15:19–22

Nosotros somos como una casa terrenal, como una tienda de
campaña no permanente; pero sabemos que si esta tienda se
destruye, Dios nos tiene preparada en el cielo una casa eterna,
que no ha sido hecha por manos humanas. Por eso suspiramos
mientras vivimos en esta casa actual, pues quisiéramos mudar-
nos ya a nuestra casa celestial.

2 CORINTIOS 5:1–2

Por eso tenemos siempre confianza. Sabemos que mientras vivamos en este cuerpo estaremos como en el destierro, lejos del

Señor. Ahora no podemos verlo, sino que vivimos sostenidos por la fe; pero tenemos confianza, y quisiéramos más bien desterrarnos de este cuerpo para ir a vivir con el Señor. Por eso procuramos agradar siempre al Señor, ya sea que sigamos viviendo aquí o que tengamos que irnos.

2 Corintios 5:6–9

Cuando nuestra naturaleza corruptible se haya revestido de lo incorruptible, y cuando nuestro cuerpo mortal se haya revestido de inmortalidad, se cumplirá lo que dice la Escritura: «La muerte ha sido devorada por la victoria. ¿Dónde está, oh muerte, tu victoria? ¿Dónde está, oh muerte, tu aguijón?»

1 Corintios 15:54–55

Así como los hijos de una familia son de la misma carne y sangre, así también Jesús fue de carne y sangre humanas, para derrotar con su muerte al que tenía poder para matar, es decir, al diablo. De esta manera ha dado libertad a todos los que por miedo a la muerte viven como esclavos durante toda la vida.

Hebreos 2:14–15

Puesto que esos hijos son de carne y sangre, Jesús también experimentó esta misma condición y, al morir, le quitó su poder al que reinaba por medio de la muerte, es decir, al diablo. De este modo liberó a los hombres que, por miedo a la muerte, permanecían esclavos en todos los aspectos de su vida.

Hebreos 2:14–15 (Latinoamericana)

Hermanos, no queremos que se queden sin saber lo que pasa con los muertos, para que ustedes no se entristezcan como los otros, los que no tienen esperanza. Así como creemos que Jesús murió y resucitó, así también creemos que Dios va a resucitar con Jesús a los que murieron creyendo en él. Por esto les decimos a ustedes, como enseñanza del Señor, que nosotros, los que quedemos vivos hasta la venida del Señor, no nos adelantaremos a los que murieron. Porque se oirá una voz de mando, la voz de un arcángel y el sonido de la trompeta de Dios, y el Señor mismo bajará del cielo. Y los que murieron creyendo en Cristo, resucitarán primero; después, los que hayamos quedado vivos seremos llevados, juntamente con ellos, en las nubes, para encontrarnos con el Señor en el aire; y así estaremos con el Señor para siempre. Anímense, pues, unos a otros con estas palabras.

1 Tesalonicenses 4:12-18

Deseos

n.: Algo o alguien que se desea o anhela fuertemente.

Ahora ya no hay ninguna condenación para los que están unidos a Cristo Jesús, porque la ley del Espíritu que da vida en Cristo Jesús, te liberó de la ley del pecado y de la muerte. Porque Dios ha hecho lo que la ley de Moisés no pudo hacer, pues no era capaz de hacerlo debido a la debilidad humana: Dios envió a su propio Hijo en condición débil como la del hombre pecador y como sacrificio por el pecado, para de esta manera condenar al pecado en esa misma condición débil. Lo hizo para que nosotros podamos cumplir con las justas exigencias de la ley, pues ya no vivimos según las inclinaciones de la naturaleza débil sino según el Espíritu. Los que viven según las inclinaciones de la naturaleza débil, sólo se preocupan por seguirlas; pero los que viven conforme al Espíritu, se preocupan por las cosas del Espíritu.

Romanos 8:1-5

Los que viven según las inclinaciones de la naturaleza débil, sólo se preocupan por seguirlas; pero los que viven conforme al Espíritu, se preocupan por las cosas del Espíritu. Y preocuparse por seguir las inclinaciones de la naturaleza débil lleva a la muerte; pero preocuparse por las cosas del Espíritu lleva a la vida y a la paz.

Romanos 8:5-6

Procuren, pues, tener amor, y al mismo tiempo aspiren a que Dios les dé dones espirituales, especialmente el de profecía. Aquel que habla en lenguas extrañas, habla a Dios y no a seres humanos, pues nadie lo entiende. En su espíritu dice cosas secretas, pero nadie las entiende. En cambio, el que comunica mensajes proféticos, lo hace para edificación de la comunidad, y la anima y consuela. El que habla en una lengua extraña, lo hace para su propio bien; pero el que comunica mensajes proféticos, edifica a la iglesia.

1 Corintios 14:1–4

Confía en el Señor y haz lo bueno, vive en la tierra y mantente fiel. Ama al Señor con ternura, y él cumplirá tus deseos más profundos. Pon tu vida en las manos del Señor; confía en él, y él vendrá en tu ayuda.

Salmos 37:3–5

Vivan según el Espíritu, y no busquen satisfacer sus propios malos deseos. Porque los malos deseos están en contra del Espíritu, y el Espíritu está en contra de los malos deseos. El uno está en contra de los otros, y por eso ustedes no pueden hacer lo que quisieran.

Gálatas 5:16–17

Lo que más teme el malvado, eso le sucede, pero al justo se le cumplen sus deseos.

Proverbios 10:24

Lo que teme el malo, eso le sucede, lo que el justo desea, se le da.

Proverbios 10:24 (Jerusalén)

Nosotros también nos sentimos seguros en el camino señalado por tus leyes, Señor. Lo que nuestro corazón desea es pensar en ti. De todo corazón suspiro por ti en la noche; desde lo profundo de mi ser te busco.

Isaías 26:8–9

Lo que quiero de ustedes es que me amen, y no que me hagan sacrificios; que me reconozcan como Dios, y no que me ofrezcan holocaustos.

Oseas 6:6

Dios es tan misericordioso y nos amó con un amor tan grande, que nos dio vida juntamente con Cristo cuando todavía estábamos muertos a causa de nuestros pecados. Por la bondad de Dios han recibido ustedes la salvación. Y en unión con Cristo Jesús nos resucitó, y nos hizo sentar con él en el cielo. Hizo esto para demostrar en los tiempos futuros su generosidad y su bondad para con nosotros en Cristo Jesús.

EFESIOS 2:4-7

Discernimiento
n.: Habilidad de llegar a saber, reconocer
o distinguir mentalmente.

¿Quién se da cuenta de sus propios errores? ¡Perdona, Señor, mis faltas ocultas! Quítale el orgullo a tu siervo; no permitas que el orgullo me domine. Así seré un hombre sin tacha; estaré libre de gran pecado. Sean aceptables a tus ojos mis palabras y mis pensamientos, oh Señor, refugio y libertador mío.

SALMOS 19:12-14

Nosotros no hemos recibido el espíritu del mundo, sino el Espíritu que viene de Dios, para que entendamos las cosas que Dios en su bondad nos ha dado. Hablamos de estas cosas con palabras que el Espíritu de Dios nos ha enseñado, y no con palabras que hayamos aprendido por nuestra propia sabiduría. Así explicamos las cosas espirituales con términos espirituales. El que no es espiritual no acepta las cosas que son del Espíritu de Dios, porque para él son tonterías. Y tampoco las puede entender, porque son cosas que tienen que juzgarse espiritualmente. Pero aquel que tiene el Espíritu puede juzgar todas las cosas, y nadie lo puede juzgar a él.

1 CORINTIOS 2:12-15

Señor, tú me has examinado y me conoces; tú conoces todas mis acciones; aun de lejos te das cuenta de lo que pienso. Sabes todas mis andanzas, ¡sabes todo lo que hago! Aún no tengo la palabra en la lengua, y tú, Señor, ya la conoces.

SALMOS 139:1-4

Que los sabios y prudentes entiendan este mensaje: Los caminos del Señor son rectos, y los justos los siguen; pero los malvados tropiezan en ellos.

OSEAS 14:10

Dios sabe cuánta nostalgia siento de todos ustedes, con el tierno amor que me infunde Cristo Jesús. Pido en mi oración que su amor siga creciendo más y más todavía, y que Dios les dé sabiduría y entendimiento, para que sepan escoger siempre lo mejor. Así podrán vivir una vida limpia, y avanzar sin tropiezos hasta el día en que Cristo vuelva; pues ustedes presentarán una abundante cosecha de buenas acciones gracias a Jesucristo, para honra y gloria de Dios.

FILIPENSES 1:8-11

La sabiduría hace al sabio entender su conducta, pero al necio lo engaña su propia necedad.

PROVERBIOS 14:8

Sabiduría del cauto es atender a su conducta, la necedad de los tontos es engaño.

PROVERBIOS 14:8 (JERUSALÉN)

Pido en mi oración que su amor siga creciendo más y más todavía, y que Dios les dé sabiduría y entendimiento, para que sepan escoger siempre lo mejor. Así podrán vivir una vida limpia, y avanzar sin tropiezos hasta el día en que Cristo vuelva; pues ustedes presentarán una abundante cosecha de buenas acciones gracias a Jesucristo, para honra y gloria de Dios.

FILIPENSES 1:9-11

Al que piensa sabiamente, se le llama inteligente; las palabras amables convencen mejor.

PROVERBIOS 16:21

Retiren lo dicho, no sean injustos; reconozcan que tengo razón. ¿Acaso creen que soy un mentiroso que no se da cuenta de lo que dice?

Job 6:29–30

Yo soy un muchacho joven y sin experiencia. Pero estoy al frente del pueblo que tú escogiste: un pueblo tan grande que, por su multitud, no puede contarse ni calcularse. Dame, pues, un corazón atento para gobernar a tu pueblo, y para distinguir entre lo bueno y lo malo; porque ¿quién hay capaz de gobernar a este pueblo tuyo tan numeroso?

1 Reyes 3:7–9

Disciplina
n.: Entrenamiento que corrige, moldea o perfecciona
la aptitud mental o el carácter moral.

Feliz el hombre a quien Dios reprende; no rechaces la represión del Todopoderoso. Si él hace una herida, también la vendará; si con su mano da el golpe, también da el alivio.

Job 5:17–18

El que atiende a la reprensión que da vida, tendrá un lugar entre los sabios. El que desprecia la corrección no se aprecia a sí mismo; el que atiende a la reprensión adquiere entendimiento. El honrar al Señor instruye en la sabiduría; para recibir honores, primero hay que ser humilde.

Proverbios 15:31–33

«No desprecies, hijo mío, la corrección del Señor, ni te desanimes cuando te reprenda. Porque el Señor corrige a quien él ama, y castiga a aquel a quien recibe como hijo.» Ustedes están sufriendo para su corrección: Dios los trata como a hijos. ¿Acaso hay algún hijo a quien su padre no corrija? Pero si Dios no los corrige a ustedes como corrige a todos sus hijos, entonces ustedes no son hijos legítimos. Además, cuando éramos niños, nuestros padres aquí en la tierra nos corregían, y los respetábamos.

¿Por qué no hemos de someternos, con mayor razón, a nuestro Padre celestial, para obtener la vida?

HEBREOS 12:5–9

Hijo mío, desde tu juventud busca la instrucción, y cuando seas viejo todavía tendrás sabiduría. Acércate a ella como quien ara y siega con la esperanza de una buena cosecha. Cultivándola tendrás poco trabajo y pronto comerás de sus frutos.

ECLESIÁSTICO 6:18–19

Si nos examináramos bien a nosotros mismos, el Señor no tendría que castigarnos, aunque si el Señor nos castiga es para que aprendamos y no seamos condenados con los que son del mundo.

1 CORINTIOS 11:31–32

Escucha, hijo, y acepta mi enseñanza; no rechaces mis consejos. Acepta la sabiduría como cadenas para tus pies y como yugo para tu cuello. Recíbela como una carga sobre tus hombros, y no rechaces sus ataduras. Acércate a ella de todo corazón, y sigue su camino con todas tus fuerzas. Síguele los pasos, búscala, y la encontrarás; cuando la tengas, ya no la sueltes. Al fin ella te dará descanso y se convertirá en tu alegría. Sus cadenas serán tu protección, y sus ataduras, tu adorno precioso. Su yugo será diadema de oro, y sus cuerdas, cintas de púrpura.

ECLESIÁSTICO 6:23–30

Ciertamente, ningún castigo es agradable en el momento de recibirlo, sino que duele; pero si uno aprende la lección, el resultado es una vida de paz y rectitud. Así pues, renueven las fuerzas de sus manos cansadas y de sus rodillas debilitadas, y busquen el camino derecho, para que sane el pie que está cojo y no se tuerza más. Procuren estar en paz con todos y llevar una vida santa; pues sin la santidad, nadie podrá ver al Señor. Procuren que a nadie le falte la gracia de Dios, a fin de que ninguno sea como una planta de raíz amarga que hace daño y envenena a la gente.

HEBREOS 12:11–15

Oh Señor, feliz aquel a quien corriges y le das tus enseñanzas para que tenga tranquilidad cuando lleguen los días malos, mientras que al malvado se le prepara la fosa.

Salmos 94:12–13

¡Feliz el hombre que corriges, Señor, y al que tú enseñas tu Ley! Le das calma en los días de desgracia, mientras cavan la tumba del malvado.

Salmos 94:12–13 (Latinoamericana)

Ánimo

n.: Acción de inspirar valor, aliento o esperanza.

Llegaré entonces a tu altar, oh Dios, y allí te alabaré al son del arpa, pues tú, mi Dios, llenas mi vida de alegría. ¿Por qué voy a desanimarme? ¿Por qué voy a estar preocupado? Mi esperanza he puesto en Dios, a quien todavía seguiré alabando. ¡Él es mi Dios y Salvador!

Salmos 43:4–5

Tu reino es un reino eterno, tu dominio es por todos los siglos. El Señor sostiene a los que caen y levanta a los que desfallecen.

Salmos 145:13–14

La Escritura dice: «Tuve fe, y por eso hablé.» De igual manera, nosotros, con esa misma actitud de fe, creemos y también hablamos. Porque sabemos que Dios, que resucitó de la muerte al Señor Jesús, también nos resucitará a nosotros con él, y junto con ustedes nos llevará a su presencia. Todo esto ha sucedido para bien de ustedes, para que, recibiendo muchos la gracia de Dios, muchos sean también los que le den gracias, para la gloria de Dios. Por eso no nos desanimamos. Pues aunque por fuera nos vamos deteriorando, por dentro nos renovamos día a día. Lo que sufrimos en esta vida es cosa ligera, que pronto pasa; pero nos trae como resultado una gloria eterna mucho más grande y abundante.

2 Corintios 4:13–17

Hermanos, cuídense de que ninguno de ustedes tenga un corazón tan malo e incrédulo que se aparte del Dios viviente. Al contrario, anímense unos a otros cada día, mientras dura ese «hoy» de que habla la Escritura, para que ninguno de ustedes sea engañado por el pecado y su corazón se vuelva rebelde. Porque nosotros tenemos parte con Cristo, con tal de que nos mantengamos firmes hasta el fin en la confianza que teníamos al principio.

Hebreos 3:12–14

Hermanos, sigan firmes y no se olviden de las tradiciones que les hemos enseñado personalmente y por carta. Que nuestro Señor Jesucristo mismo, y Dios nuestro Padre, que nos ha amado y nos ha dado consuelo eterno y esperanza gracias a su bondad.

2 Tesalonicenses 2:15–16

Dios no nos destinó a recibir el castigo, sino a alcanzar la salvación por medio de nuestro Señor Jesucristo. Jesucristo murió por nosotros, para que, ya sea que sigamos despiertos o que nos durmamos con el sueño de la muerte, vivamos juntamente con él. Por eso, anímense y fortalézcanse unos a otros, tal como ya lo están haciendo.

1 Tesalonicenses 5:9–11

En cambio, el que comunica mensajes proféticos, lo hace para edificación de la comunidad, y la anima y consuela. El que habla en una lengua extraña, lo hace para su propio bien; pero el que comunica mensajes proféticos, edifica a la iglesia. Yo quisiera que todos ustedes hablaran en lenguas extrañas; pero preferiría que comunicaran mensajes proféticos; esto es mejor que hablar en lenguas, a menos que se interprete su significado de tal manera que sirva para edificación de la iglesia.

1 Corintios 14:3–5

Dios, que es quien da constancia y consuelo, los ayude a ustedes a vivir en armonía unos con otros, conforme al ejemplo de Cristo Jesús, para que todos juntos, a una sola voz, alaben al Dios y Padre de nuestro Señor Jesucristo. Así pues, acéptense los unos a los otros, como también Cristo los aceptó a ustedes, para gloria de Dios.

Romanos 15:5–7

En estos lugares animaron a los creyentes, y recomendándoles que siguieran firmes en la fe, les dijeron que para entrar en el reino de Dios hay que sufrir muchas aflicciones.

Hechos 14:22

Resistencia

n.: Capacidad para soportar dificultad,
desgracia o estrés; persistencia.

Por esto deben esforzarse en añadir a su fe la buena conducta; a la buena conducta, el entendimiento; al entendimiento, el dominio propio; al dominio propio, la paciencia; a la paciencia, la devoción; a la devoción, el afecto fraternal; y al afecto fraternal, el amor. Si ustedes poseen estas cosas y las desarrollan, ni su vida será inútil ni habrán conocido en vano a nuestro Señor Jesucristo.

2 Pedro 1:5–8

Hermanos míos, tomen como ejemplo de sufrimiento y paciencia a los profetas que hablaron en nombre del Señor. Pues nosotros consideramos felices a los que soportan con fortaleza el sufrimiento. Ustedes han oído cómo soportó Job sus sufrimientos, y saben de qué modo lo trató al fin el Señor, porque el Señor es muy misericordioso y compasivo.

Santiago 5:10–11

Va a llegar el tiempo en que la gente no soportará la sana enseñanza; más bien, según sus propios caprichos, se buscarán un montón de maestros que sólo les enseñen lo que ellos quieran oír. Darán la espalda a la verdad y harán caso a toda clase de cuentos. Pero tú conserva siempre el buen juicio, soporta los sufrimientos, dedícate a anunciar el evangelio, cumple bien con tu trabajo.

2 Timoteo 4:3–5

Pedimos que él, con su glorioso poder, los haga fuertes; así podrán ustedes soportarlo todo con mucha fortaleza y paciencia, y con alegría darán gracias al Padre, que los ha capacitado a

ustedes para recibir en la luz la parte de la herencia que él dará
al pueblo santo.

COLOSENSES 1:11–12

Habrá tanta maldad, que la mayoría dejará de tener amor hacia
los demás. Pero el que siga firme hasta el fin, se salvará. Y esta
buena noticia del reino será anunciada en todo el mundo, para
que todas las naciones la conozcan; entonces vendrá el fin.

MATEO 24:12–14

Dejemos a un lado todo lo que nos estorba y el pecado que nos
enreda, y corramos con fortaleza la carrera que tenemos por delante. Fijemos nuestra mirada en Jesús, pues de él procede nuestra fe y él es quien la perfecciona. Jesús soportó la cruz, sin hacer
caso de lo vergonzoso de esa muerte, porque sabía que después
del sufrimiento tendría gozo y alegría; y se sentó a la derecha
del trono de Dios. Por lo tanto, mediten en el ejemplo de Jesús,
que sufrió tanta contradicción de parte de los pecadores; por
eso, no se cansen ni se desanimen. Pues ustedes aún no han tenido que llegar hasta la muerte en su lucha contra el pecado.

HEBREOS 12:1–4

Tú, hombre de Dios, huye de todo esto. Lleva una vida de rectitud, de piedad, de fe, de amor, de fortaleza en el sufrimiento y
de humildad de corazón. Pelea la buena batalla de la fe; no dejes
escapar la vida eterna, pues para eso te llamó Dios y por eso hiciste una buena declaración de tu fe delante de muchos testigos.

1 TIMOTEO 6:11–12

Tú, en cambio, hombre de Dios, huye de estas cosas; corre al
alcance de la justicia, de la piedad, de la fe, de la caridad, de la
paciencia en el sufrimiento, de la dulzura. Combate el buen
combate de la fe, conquista la vida eterna a la que has sido llamado y de la que hiciste aquella solemne profesión delante de
muchos testigos.

1 TIMOTEO 6:11–12 (JERUSALÉN)

Todo lo que antes se dijo en las Escrituras, se escribió para nuestra instrucción, para que con constancia y con el consuelo que de ellas recibimos, tengamos esperanza. Y Dios, que es quien da constancia y consuelo, los ayude a ustedes a vivir en armonía unos con otros, conforme al ejemplo de Cristo Jesús.

ROMANOS 15:4-5

Hermanos míos, ustedes deben tenerse por muy dichosos cuando se vean sometidos a pruebas de toda clase. Pues ya saben que cuando su fe es puesta a prueba, ustedes aprenden a soportar con fortaleza el sufrimiento. Pero procuren que esa fortaleza los lleve a la perfección, a la madurez plena, sin que les falte nada.

SANTIAGO 1:2-4

Siempre damos gracias a Dios por todos ustedes, y los recordamos en nuestras oraciones. Continuamente recordamos qué activa ha sido su fe, qué servicial su amor, y qué fuerte en los sufrimientos su esperanza en nuestro Señor Jesucristo, delante de nuestro Dios y Padre.

1 TESALONICENSES 1:2-3

Enemigos

n.: Algo que es antagónico a otro.

El Señor es mi luz y mi salvación, ¿de quién podré tener miedo? El Señor defiende mi vida, ¿a quién habré de temer? Los malvados, mis enemigos, se juntan para atacarme y destruirme; pero ellos son los que tropiezan y caen. Aunque un ejército me rodee, mi corazón no tendrá miedo; aunque se preparen para atacarme, yo permaneceré tranquilo.

SALMOS 27:1-3

Los malvados esperan el momento de destruirme, pero estoy atento a tus mandatos. He visto que todas las cosas tienen su fin, pero tus mandamientos son infinitos. ¡Cuánto amo tu enseñanza! ¡Todo el día medito en ella! Tus mandamientos son míos para siempre; me han hecho más sabio que mis enemigos.

SALMOS 119:95–98

También han oído que se dijo: "Ama a tu prójimo y odia a tu enemigo." Pero yo les digo: Amen a sus enemigos, y oren por quienes los persiguen. Así ustedes serán hijos de su Padre que está en el cielo; pues él hace que su sol salga sobre malos y buenos, y manda la lluvia sobre justos e injustos. Porque si ustedes aman solamente a quienes los aman, ¿qué premio recibirán? Hasta los que cobran impuestos para Roma se portan así. Y si saludan solamente a sus hermanos, ¿qué hacen de extraordinario? Hasta los paganos se portan así.

MATEO 5:43–47

Mi Dios, en ti confío: no dejes que me hunda en la vergüenza. ¡Que no se rían de mí mis enemigos! ¡Que no sea jamás avergonzado ninguno de los que en ti confían! ¡Que sean puestos en vergüenza los que sin motivo se rebelan contra ti!

SALMOS 25:2–3

Tú, Señor, eres Dios tierno y compasivo, paciente, todo amor y verdad. Mírame, ¡ten compasión de mí! ¡Salva a este siervo tuyo! ¡Dale tu fuerza! Dame una clara prueba de tu bondad, y que al verla se avergüencen los que me odian. ¡Tú, Señor, me das ayuda y consuelo!

SALMOS 86:15–18

Cuando me encuentro en peligro, tú me mantienes con vida; despliegas tu poder y me salvas de la furia de mis enemigos. ¡El Señor llevará a feliz término su acción en mi favor! Señor, tu amor es eterno; ¡no dejes incompleto lo que has emprendido!

SALMOS 138:7–8

Hoy van a luchar contra sus enemigos. No se desanimen ni tengan miedo; no tiemblen ni se asusten, porque el Señor su Dios está con ustedes; él luchará contra los enemigos de ustedes y les dará la victoria.

DEUTERONOMIO 20:3–4

Con amor y verdad se perdona el pecado; honrando al Señor se aleja uno del mal. Cuando al Señor le agrada la conducta de un hombre, hasta a sus enemigos los pone en paz con él.

PROVERBIOS 16:6–7

Si Yavé aprecia tu conducta, hará que tus mismos enemigos se reconcilien contigo.

PROVERBIOS 16:6 (LATINOAMERICANA)

El Señor es mi pastor; nada me falta. En verdes praderas me hace descansar, a las aguas tranquilas me conduce. Me has preparado un banquete ante los ojos de mis enemigos; has vertido perfume en mi cabeza, y has llenado mi copa a rebosar. Tu bondad y tu amor me acompañan a lo largo de mis días, y en tu casa, oh Señor, por siempre viviré.

SALMOS 23:1–2, 5–6

Vida eterna
n.: Existencia que no tiene principio ni
fin; que perdura para siempre.

Así como Moisés levantó la serpiente en el desierto, así también el Hijo del hombre tiene que ser levantado, para que todo el que cree en él tenga vida eterna. Pues Dios amó tanto al mundo, que dio a su Hijo único, para que todo aquel que cree en él no muera, sino que tenga vida eterna.

JUAN 3:14–16

Ustedes, queridos hermanos, manténganse firmes en su santísima fe. Oren guiados por el Espíritu Santo. Consérvense en el amor de Dios y esperen el día en que nuestro Señor Jesucristo, en su misericordia, nos dará la vida eterna.

Judas 1:20–21

La voluntad del que me ha enviado es que yo no pierda a ninguno de los que me ha dado, sino que los resucite en el día último. Porque la voluntad de mi Padre es que todos los que miran al Hijo de Dios y creen en él, tengan vida eterna; y yo los resucitaré en el día último.

Juan 6:39–40

Mis ovejas reconocen mi voz, y yo las conozco y ellas me siguen. Yo les doy vida eterna, y jamás perecerán ni nadie me las quitará. Lo que el Padre me ha dado es más grande que todo, y nadie se lo puede quitar. El Padre y yo somos uno solo.

Juan 10:27–30

Jesús miró al cielo y dijo: «Padre, la hora ha llegado: glorifica a tu Hijo, para que también él te glorifique a ti. Pues tú has dado a tu Hijo autoridad sobre todo hombre, para dar vida eterna a todos los que le diste. Y la vida eterna consiste en que te conozcan a ti, el único Dios verdadero, y a Jesucristo, a quien tú enviaste.

Juan 17:1–3

Pero ahora, libres de la esclavitud del pecado, han entrado al servicio de Dios. Esto sí les es provechoso, pues el resultado es la vida santa y, finalmente, la vida eterna. El pago que da el pecado es la muerte, pero el don de Dios es vida eterna en unión con Cristo Jesús, nuestro Señor.

Romanos 6:22–23

Antes también nosotros éramos insensatos y rebeldes; andábamos perdidos y éramos esclavos de toda clase de deseos y placeres. Vivíamos en maldad y envidia, odiados y odiándonos unos a otros. Pero Dios nuestro Salvador mostró su bondad y su amor por la humanidad, y, sin que nosotros hubiéramos hecho nada bueno, por pura misericordia nos salvó lavándonos y regenerándonos, y dándonos nueva vida por el Espíritu Santo. Pues por medio de Jesucristo nuestro Salvador nos dio en abundancia el Espíritu Santo, para que, después de hacernos justos por su bondad, tengamos la esperanza de recibir en herencia la vida eterna.

Tito 3:3–7

Sabemos que somos de Dios y que el mundo entero está bajo el poder del maligno. Sabemos también que el Hijo de Dios ha venido y nos ha dado entendimiento para conocer al Dios verdadero. Vivimos unidos al que es verdadero, es decir, a su Hijo Jesucristo. Éste es el Dios verdadero y la vida eterna.

1 Juan 5:19–20

Fe

n.: Creencia firme en algo para lo cual no existe prueba.

Habiendo recibido a Jesucristo como su Señor, deben comportarse como quienes pertenecen a Cristo, con profundas raíces en él, firmemente basados en él por la fe, como se les enseñó, y dando siempre gracias a Dios.

Colosenses 2:6–7

Me pongo de rodillas delante del Padre, de quien recibe su nombre toda familia, tanto en el cielo como en la tierra. Pido al Padre que de su gloriosa riqueza les dé a ustedes, interiormente, poder y fuerza por medio del Espíritu de Dios, que Cristo viva en sus corazones por la fe, y que el amor sea la raíz y el fundamento de sus vidas.

Efesios 3:14–17

Tomen toda la armadura que Dios les ha dado, para que puedan resistir en el día malo y, después de haberse preparado bien, mantenerse firmes. Así que manténganse firmes, revestidos de la verdad y protegidos por la rectitud. Estén siempre listos para salir a anunciar el mensaje de la paz. Sobre todo, que su fe sea el escudo que los libre de las flechas encendidas del maligno.

Que la salvación sea el casco que proteja su cabeza, y que la palabra de Dios sea la espada que les da el Espíritu Santo.

EFESIOS 6:13–17

Tener fe es tener la plena seguridad de recibir lo que se espera; es estar convencidos de la realidad de cosas que no vemos. Nuestros antepasados fueron aprobados porque tuvieron fe. Por fe sabemos que Dios formó los mundos mediante su palabra, de modo que lo que ahora vemos fue hecho de cosas que no podían verse. Pero no es posible agradar a Dios sin tener fe, porque para acercarse a Dios, uno tiene que creer que existe y que recompensa a los que lo buscan.

HEBREOS 11:1–3, 6

Jesús contestó: —Tengan fe en Dios. Pues les aseguro que si alguien le dice a este cerro: "¡Quítate de ahí y arrójate al mar!", y no lo hace con dudas, sino creyendo que ha de suceder lo que dice, entonces sucederá. Por eso les digo que todo lo que ustedes pidan en oración, crean que ya lo han conseguido, y lo recibirán.

MARCOS 11:22–24

No me avergüenzo del evangelio, porque es poder de Dios para que todos los que creen alcancen la salvación, los judíos en primer lugar, pero también los que no lo son. Pues el evangelio nos muestra de qué manera Dios nos hace justos: es por fe, de principio a fin. Así lo dicen las Escrituras: «El justo por la fe vivirá.»

ROMANOS 1:16–17

Puesto que Dios ya nos ha hecho justos gracias a la fe, tenemos paz con Dios por medio de nuestro Señor Jesucristo. Pues por Cristo hemos podido acercarnos a Dios por medio de la fe, para gozar de su favor, y estamos firmes, y nos gloriamos con la esperanza de tener parte en la gloria de Dios.

ROMANOS 5:1–2

Tú, hombre de Dios, huye de todo esto. Lleva una vida de rectitud, de piedad, de fe, de amor, de fortaleza en el sufrimiento y de humildad de corazón. Pelea la buena batalla de la fe; no dejes escapar la vida eterna, pues para eso te llamó Dios y por eso hiciste una buena declaración de tu fe delante de muchos testigos.

1 Timoteo 6:11–12

Por el encargo que Dios en su bondad me ha dado, digo a todos ustedes que ninguno piense de sí mismo más de lo que debe pensar. Antes bien, cada uno piense de sí con moderación, según los dones que Dios le haya dado junto con la fe.

Romanos 12:3

Fidelidad

n.: Estado de ser constante en mantener
promesas o cumplir obligaciones.

Una cosa quiero tener presente y poner en ella mi esperanza: El amor del Señor no tiene fin, ni se han agotado sus bondades. Cada mañana se renuevan; ¡qué grande es su fidelidad!

Lamentaciones 3:21–23

Bendito sea el Señor, que con su amor hizo grandes cosas por mí en momentos de angustia. En mi inquietud llegué a pensar que me habías echado de tu presencia; pero cuando te pedí ayuda, tú escuchaste mis gritos. Amen al Señor, todos sus fieles. El Señor cuida de los sinceros, pero a los altaneros les da con creces su merecido.

Salmos 31:21–23

Voy a clamar al Dios altísimo, al Dios que en todo me ayuda. Él enviará desde el cielo su amor y su verdad, y me salvará de quienes con rabia me persiguen.

Salmos 57:2–3

Te alabaré con himnos, Señor, en medio de pueblos y naciones. Pues tu amor es grande hasta los cielos; tu lealtad alcanza al

cielo azul. Dios mío, tú estás por encima del cielo. ¡Tu gloria
llena toda la tierra!

Salmos 57:9–11

Reconozcan que el Señor es Dios; él nos hizo y somos suyos;
¡somos pueblo suyo y ovejas de su prado! Vengan a las puertas
y a los atrios de su templo con himnos de alabanza y gratitud.
¡Denle gracias, bendigan su nombre! Porque el Señor es bueno;
su amor es eterno y su fidelidad no tiene fin.

Salmos 100:3–5

Señor, siempre diré en mi canto que tú eres bondadoso; cons-
tantemente contaré que tú eres fiel. Proclamaré que tu amor
es eterno; que tu fidelidad es invariable, invariable como el
mismo cielo.

Salmos 89:1–2

El que vive bajo la sombra protectora del Altísimo y Todopoderoso, dice al Señor: «Tú eres mi refugio, mi castillo, ¡mi Dios, en
quien confío!» Sólo él puede librarte de trampas ocultas y plagas
mortales, pues te cubrirá con sus alas, y bajo ellas estarás seguro.
¡Su fidelidad te protegerá como un escudo!

Salmos 91:1–4

Mantengámonos firmes, sin dudar, en la esperanza de la fe
que profesamos, porque Dios cumplirá la promesa que nos ha
hecho.

Hebreos 10:23

Lo que el Espíritu produce es amor, alegría, paz, paciencia,
amabilidad, bondad, fidelidad, humildad y dominio propio.
Contra tales cosas no hay ley. Y los que son de Cristo Jesús, ya
han crucificado la naturaleza del hombre pecador junto con sus
pasiones y malos deseos. Si ahora vivimos por el Espíritu, dejemos también que el Espíritu nos guíe.

Gálatas 5:22–25

Toda casa tiene que estar hecha por alguien; pero Dios es el que hizo todo lo que existe. Así pues, Moisés, como siervo, fue fiel en toda la casa de Dios, y su servicio consistió en ser testigo de las cosas que Dios había de decir. Pero Cristo, como Hijo, es fiel sobre esta casa de Dios que somos nosotros mismos, si mantenemos la seguridad y la alegría en la esperanza que tenemos.

HEBREOS 3:4–6

Familia

n.: Grupo de personas de ascendencia común, que
por lo general viven bajo un mismo techo.

Grábense bien en la mente que el Señor es Dios, tanto en el cielo como en la tierra, y que no hay otro más que él. Cumplan sus leyes y mandamientos que yo les doy en este día, y les irá bien a ustedes y a sus descendientes, y vivirán muchos años en el país que el Señor su Dios les va a dar para siempre.

DEUTERONOMIO 4:39–40

Pedro comenzó a decirle: —Nosotros hemos dejado todo lo que teníamos, y te hemos seguido. Jesús respondió: —Les aseguro que cualquiera que por mi causa y por aceptar el evangelio haya dejado casa, o hermanos, o hermanas, o madre, o padre, o hijos, o terrenos, recibirá ahora en la vida presente cien veces más en casas, hermanos, hermanas, madres, hijos y terrenos, aunque con persecuciones; y en la vida venidera recibirá la vida eterna.

MARCOS 10:28–30

Mujer ejemplar no es fácil hallarla; ¡vale más que las piedras preciosas! Su esposo confía plenamente en ella, y nunca le faltan ganancias. Brinda a su esposo grandes satisfacciones todos los días de su vida. Habla siempre con sabiduría, y da con amor sus enseñanzas. Está atenta a la marcha de su casa, y jamás come lo que no ha ganado. Sus hijos y su esposo la alaban.

PROVERBIOS 31:10–12, 26–28

Lo que digas debe estar siempre de acuerdo con la sana enseñanza. Los ancianos deben ser serios, respetables y de buen juicio; sanos en su fe, en su amor y en su fortaleza para soportar el sufrimiento. Igualmente, las ancianas deben portarse con reverencia, y no ser chismosas, ni emborracharse. Deben dar buen ejemplo y enseñar a las jóvenes a amar a sus esposos y a sus hijos, a ser juiciosas, puras, cuidadosas del hogar, bondadosas y sujetas a sus esposos, para que nadie pueda hablar mal del mensaje de Dios. Anima igualmente a los jóvenes a ser juiciosos.

TITO 2:1–6

Feliz tú, que honras al Señor y le eres obediente. Comerás del fruto de tu trabajo, serás feliz y te irá bien. En la intimidad de tu hogar, tu mujer será como una vid cargada de uvas; tus hijos, alrededor de tu mesa, serán como retoños de olivo. Así bendecirá el Señor al hombre que lo honra.

SALMOS 128:1–4

Hijos míos, escúchenme a mí, que soy su padre; sigan mis consejos y se salvarán. El Señor quiere que el padre sea honrado por sus hijos, y que la autoridad de la madre sea respetada por ellos. El que respeta a su padre alcanza el perdón de sus pecados, y el que honra a su madre reúne una gran riqueza. El que respeta a su padre recibirá alegría de sus propios hijos; cuando ore, el Señor lo escuchará.

ECLESIÁSTICO 3:1–5

Oye, Israel: El Señor nuestro Dios es el único Señor. Ama al Señor tu Dios con todo tu corazón, con toda tu alma y con todas tus fuerzas. Grábate en la mente todas las cosas que hoy te he dicho, y enséñaselas continuamente a tus hijos; háblales de ellas, tanto en tu casa como en el camino, y cuando te acuestes y cuando te levantes. Lleva estos mandamientos atados en tu mano y en tu frente como señales, y escríbelos también en los postes y en las puertas de tu casa.

DEUTERONOMIO 6:4–9

La corona de los ancianos son sus nietos; el orgullo de los hijos son sus padres.

PROVERBIOS 17:6

Corona de los ancianos son los hijos de los hijos; los padres son el honor de los hijos.

PROVERBIOS 17:6 (JERUSALÉN)

Si tienes hijos, edúcalos, y búscales esposa mientras sean jóvenes. Si tienes hijas, cuida de que sean honestas, y no seas condescendiente con ellas. Casar a una hija es salir de preocupaciones, pero hay que dársela a un hombre sensato. Si tienes esposa, quiérela, pero si no la quieres, no confíes en ella. Respeta de todo corazón a tu padre, y no te olvides de cuánto sufrió tu madre.

ECLESIÁSTICO 7:23–27

Miedo
n.: Emoción desagradable y a menudo fuerte
causada por expectativa o conciencia de peligro.

No tendremos miedo, aunque se deshaga la tierra, aunque se hundan los montes en el fondo del mar, aunque ruja el mar y se agiten sus olas, aunque tiemblen los montes a causa de su furia.

SALMOS 46:2–4

El Señor es mi luz y mi salvación, ¿de quién podré tener miedo? El Señor defiende mi vida, ¿a quién habré de temer? Los malvados, mis enemigos, se juntan para atacarme y destruirme; pero ellos son los que tropiezan y caen. Aunque un ejército me rodee, mi corazón no tendrá miedo; aunque se preparen para atacarme, yo permaneceré tranquilo.

SALMOS 27:1–3

Todos los que son guiados por el Espíritu de Dios, son hijos de Dios. Pues ustedes no han recibido un espíritu de esclavitud que los lleve otra vez a tener miedo, sino el Espíritu que los hace hijos de Dios. Por este Espíritu nos dirigimos a Dios, diciendo: «¡Abbá! ¡Padre!» Y este mismo Espíritu se une a nuestro espíritu para dar testimonio de que ya somos hijos de Dios.

ROMANOS 8:14–16

Cuando tengo miedo, confío en ti. Confío en Dios y alabo su palabra; confío en Dios y no tengo miedo. ¿Qué me puede hacer el hombre?

SALMOS 56:3–4

Dios ha dicho: «Nunca te dejaré ni te abandonaré.» Así que podemos decir con confianza:
«El Señor es mi ayuda; no temeré. ¿Qué me puede hacer el hombre?»

HEBREOS 13:5–6

Dios no nos ha dado un espíritu de temor, sino un espíritu de poder, de amor y de buen juicio.

2 TIMOTEO 1:7

Dios no nos dio un espíritu de timidez, sino un espíritu de fortaleza, de amor y de buen juicio.

2 TIMOTEO 1:7 (LATINOAMERICANA)

Aunque pase por valle tenebroso, ningún mal temeré, porque tú vas conmigo; tu vara y tu cayado, ellos me sosiegan.

SALMOS 23:4 (JERUSALÉN)

No tengas miedo, pues yo estoy contigo; no temas, pues yo soy tu Dios. Yo te doy fuerzas, yo te ayudo, yo te sostengo con mi mano victoriosa. Todos los que te odian quedarán avergonzados y humillados; los que luchan contra ti quedarán completamente exterminados. Buscarás a tus enemigos y no los encontrarás; los que te hacen la guerra serán como si no existieran. Porque yo, el Señor tu Dios, te he tomado de la mano; yo te he dicho: "No tengas miedo, yo te ayudo."»

ISAÍAS 41:10–13

¡Vean cómo es él, el Dios que me salva! En él confío y no tengo más miedo, pues Yavé es mi fuerza y mi canción, él ha sido mi salvación.

ISAÍAS 12:2 (LATINOAMERICANA)

No se angustien ni tengan miedo. Ya me oyeron decir que me voy y que vendré para estar otra vez con ustedes. Si de veras me amaran, se habrían alegrado al saber que voy al Padre, porque él es más que yo.

JUAN 14:27–28

No tengas miedo a los peligros nocturnos, ni a las flechas lanzadas de día, ni a las plagas que llegan con la oscuridad, ni a las que destruyen a pleno sol; pues mil caerán muertos a tu izquierda y diez mil a tu derecha, pero a ti nada te pasará.

SALMOS 91:5–7

Perdón

n.: Acto de renunciar al resentimiento
y de indultar a un ofensor.

Él nos envió a anunciarle al pueblo que Dios lo ha puesto como Juez de los vivos y de los muertos. Todos los profetas habían hablado ya de Jesús, y habían dicho que quienes creen en él reciben por medio de él el perdón de los pecados.

HECHOS 10:42–43

Darán gracias al Padre, que los ha capacitado a ustedes para recibir en la luz la parte de la herencia que él dará al pueblo santo. Dios nos libró del poder de las tinieblas y nos llevó al reino de su amado Hijo, por quien tenemos la liberación y el perdón de los pecados.

COLOSENSES 1:12–14

Gracias al Padre que os ha hecho aptos para participar en la herencia de los santos en la luz. El nos libró del poder de las

tinieblas y nos trasladó al Reino del Hijo de su amor, en quien
tenemos la redención: el perdón de los pecados.

COLOSENSES 1:12–14 (JERUSALÉN)

Si ustedes perdonan a otros el mal que les han hecho, su Padre que
está en el cielo los perdonará también a ustedes; pero si no perdonan a otros, tampoco su Padre les perdonará a ustedes sus pecados.

MATEO 6:14–15

Si alguno ha causado tristeza, no me la ha causado sólo a mí, sino
hasta cierto punto también a todos ustedes. Digo «hasta cierto
punto» para no exagerar. El castigo que la mayoría de ustedes le
impuso a esa persona, ya es suficiente. Lo que ahora deben hacer
es perdonarlo y ayudarlo, no sea que tanta tristeza lo lleve a la
desesperación. Por eso les ruego que nuevamente le demuestren
el amor que le tienen. Ya antes les escribí sobre este asunto, precisamente para probarlos y saber si están dispuestos a seguir mis
instrucciones. Así que aquel a quien ustedes perdonen algo, también yo se lo perdono. Y se lo perdono, si es que había algo que
perdonar, por consideración a ustedes y en presencia de Cristo.

2 CORINTIOS 2:5–10

Arranquen de raíz de entre ustedes disgustos, arrebatos, enojos,
gritos, ofensas y toda clase de maldad. Más bien sean buenos y
comprensivos unos con otros, perdonándose mutuamente, como
Dios los perdonó en Cristo.

EFESIOS 4:31–32 (LATINOAMERICANA)

No nos ha dado el pago que merecen nuestras maldades y pecados; tan inmenso es su amor por los que lo honran como inmenso es el cielo sobre la tierra. Nuestros pecados ha alejado de
nosotros, como ha alejado del oriente el occidente. El Señor es,
con los que lo honran, tan tierno como un padre con sus hijos.

SALMOS 103:10–13

Tú eres, Señor, bueno, indulgente, rico en amor para todos los
que te invocan; Yahveh, presta oído a mi plegaria, atiende a la
voz de mis súplicas

SALMOS 86:5–6 (JERUSALÉN)

Cuando se pongan de pie para orar, si tienen algo contra alguien, perdónenlo, para que su Padre del Cielo les perdone también a ustedes sus faltas.

MARCOS 11:25–26 (LATINOAMERICANA)

Dios los ama a ustedes y los ha escogido para que pertenezcan al pueblo santo. Revístanse de sentimientos de compasión, bondad, humildad, mansedumbre y paciencia. Sopórtense unos a otros, y perdónense si alguno tiene una queja contra otro. Así como el Señor los perdonó, perdonen también ustedes.

COLOSENSES 3:12–13

Si decimos que no tenemos pecado, nos engañamos a nosotros mismos y no hay verdad en nosotros; pero si confesamos nuestros pecados, podemos confiar en que Dios, que es justo, nos perdonará nuestros pecados y nos limpiará de toda maldad.

1 JUAN 1:8–9

Libertad

n.: Cualidad o estado, sea por decisión o acción,
de no sufrir necesidad, coerción o restricción.

Sabemos que lo que antes éramos fue crucificado con Cristo, para que el poder de nuestra naturaleza pecadora quedara destruido y ya no siguiéramos siendo esclavos del pecado. Porque, cuando uno muere, queda libre del pecado.

ROMANOS 6:6–7

Ahora ya no hay ninguna condenación para los que están unidos a Cristo Jesús, porque la ley del Espíritu que da vida en Cristo Jesús, te liberó de la ley del pecado y de la muerte. Porque Dios ha hecho lo que la ley de Moisés no pudo hacer, pues no era capaz de hacerlo debido a la debilidad humana: Dios envió a su propio Hijo en condición débil como la del hombre pecador y como sacrificio por el pecado, para de esta manera condenar al pecado en esa misma condición débil. Lo hizo para que nosotros podamos cumplir con las justas exigencias de la ley, pues ya no vivimos según las inclinaciones de la naturaleza débil sino según el Espíritu.

Romanos 8:1–4

La creación perdió su verdadera finalidad, no por su propia voluntad, sino porque Dios así lo había dispuesto; pero le quedaba siempre la esperanza de ser liberada de la esclavitud y la destrucción, para alcanzar la gloriosa libertad de los hijos de Dios.

Romanos 8:20–21

Pórtense como personas libres, aunque sin usar su libertad como un pretexto para hacer lo malo. Pórtense más bien como siervos de Dios. Den a todos el debido respeto. Amen a los hermanos, reverencien a Dios, respeten al emperador.

1 Pedro 2:16–17

Cristo nos dio libertad para que seamos libres. Por lo tanto, manténganse ustedes firmes en esa libertad y no se sometan otra vez al yugo de la esclavitud.

Gálatas 5:1

Ustedes, hermanos, han sido llamados a la libertad. Pero no usen esta libertad para dar rienda suelta a sus instintos. Más bien sírvanse los unos a los otros por amor.

Gálatas 5:13

Jesús les dijo a los judíos que habían creído en él: Si ustedes se mantienen fieles a mi palabra, serán de veras mis discípulos; conocerán la verdad, y la verdad los hará libres. Les aseguro que todos los que pecan son esclavos del pecado. Un esclavo no pertenece para siempre a la familia; pero un hijo sí pertenece para siempre a la familia. Así que, si el Hijo los hace libres, ustedes serán verdaderamente libres.

Juan 8:31–32, 34–36

El que solamente oye el mensaje, y no lo practica, es como el hombre que se mira la cara en un espejo: se ve a sí mismo, pero en cuanto da la vuelta se olvida de cómo es. Pero el que no olvida lo que oye, sino que se fija atentamente en la ley perfecta de la libertad, y permanece firme cumpliendo lo que ella manda, será feliz en lo que hace.

Santiago 1:23–25

El Señor es el Espíritu; y donde está el Espíritu del Señor, allí hay libertad. Por eso, todos nosotros, ya sin el velo que nos cubría la cara, somos como un espejo que refleja la gloria del Señor, y vamos transformándonos en su imagen misma, porque cada vez tenemos más de su gloria, y esto por la acción del Señor, que es el Espíritu.

2 Corintios 3:17–18

Él hizo cielo, tierra y mar, y todo lo que hay en ellos. Él siempre mantiene su palabra. Hace justicia a los oprimidos y da de comer a los hambrientos. El Señor da libertad a los presos; el Señor devuelve la vista a los ciegos.

Salmos 146:6–8

El que hizo los cielos y la tierra, el mar y todo cuanto ellos encierran. El su lealtad conserva siempre, y su justicia da a los oprimidos, proporciona su pan a los hambrientos. El Señor deja libres a los presos. El Señor da la vista a los ciegos.

Salmos 146:6–8 (Latinoamericana)

Amistad
n.: Estado de estar unido a otro por afecto o estima.

Un amigo fiel es una protección segura; el que lo encuentra ha encontrado un tesoro. Un amigo fiel no tiene precio; su valor no se mide con dinero. Un amigo fiel protege como un talismán; el que honra a Dios lo encontrará.

Eclesiástico 6:14–16

Quien pasa por alto la ofensa, crea lazos de amor; quien insiste en ella, aleja al amigo.

PROVERBIOS 17:9

Un amigo es siempre afectuoso, y en tiempos de angustia es como un hermano.

PROVERBIOS 17:17

Más se puede confiar en el amigo que hiere que en el enemigo que besa. Para alegrar el corazón, buenos perfumes; para endulzar el alma, un consejo de amigos. Nunca abandones a tus amigos ni a los amigos de tu padre. Nunca vayas con tus problemas a la casa de tu hermano. Más vale vecino cercano que hermano lejano.

PROVERBIOS 27:6, 9–10

El amor más grande que uno puede tener es dar su vida por sus amigos. Ustedes son mis amigos, si hacen lo que yo les mando. Ya no los llamo siervos, porque el siervo no sabe lo que hace su amo. Los llamo mis amigos, porque les he dado a conocer todo lo que mi Padre me ha dicho.

JUAN 15:13–15

Más valen dos que uno, pues mayor provecho obtienen de su trabajo. Y si uno de ellos cae, el otro lo levanta. ¡Pero ay del que cae estando solo, pues no habrá quien lo levante! Además, si dos se acuestan juntos, uno a otro se calientan; pero uno solo, ¿cómo va a entrar en calor? Uno solo puede ser vencido, pero dos podrán resistir. Y además, la cuerda de tres hilos no se rompe fácilmente.

ECLESIASTÉS 4:9–12

El justo sirve de guía a su prójimo, pero los malvados pierden el camino.

PROVERBIOS 12:26

Algunas amistades se rompen fácilmente, pero hay amigos más fieles que un hermano.

PROVERBIOS 18:24

Ámense como hermanos los unos a los otros, dándose preferencia y respetándose mutuamente.

ROMANOS 12:10

Amándoos cordialmente los unos a los otros; estimando en más cada uno a los otros.

ROMANOS 12:10 (JERUSALÉN)

A medianoche me levanto a darte gracias por tus justos decretos. Yo soy amigo de los que te honran y de los que cumplen tus preceptos. Señor, la tierra está llena de tu amor; ¡enséñame tus leyes!

SALMOS 119:62–64

Así se cumplió la Escritura que dice: «Abraham creyó a Dios, y por eso Dios lo aceptó como justo.» Y Abraham fue llamado amigo de Dios.

SANTIAGO 2:23

Júntate con sabios y obtendrás sabiduría; júntate con necios y te echarás a perder.

PROVERBIOS 13:20

Dios siempre cumple sus promesas, y él es quien los llamó a vivir en unión con su Hijo Jesucristo, nuestro Señor. Hermanos, en el nombre de nuestro Señor Jesucristo les ruego que todos estén siempre de acuerdo y que no haya divisiones entre ustedes. Vivan en armonía, pensando y sintiendo de la misma manera.

1 CORINTIOS 1:9–10

Fruto del Espíritu

n.: Hábitos misericordiosos producidos en la vida de un cristiano como resultado de la presencia del Espíritu Santo.

Esto es lo que quiere decir la parábola: La semilla representa el mensaje de Dios; y la parte que cayó por el camino representa a los que oyen el mensaje, pero viene el diablo y se lo quita del corazón, para que no crean y se salven. La semilla que cayó entre las piedras representa a los que oyen el mensaje y lo reciben con gusto, pero no tienen suficiente raíz; creen por algún tiempo, pero a la hora de la prueba fallan. La semilla que cayó entre espinos representa a los que escuchan, pero poco a poco se dejan ahogar por las preocupaciones, las riquezas y los placeres de la vida, de modo que no llegan a dar fruto. Pero la semilla que cayó en buena tierra, son las personas que con corazón bueno y dispuesto escuchan y hacen caso del mensaje y, permaneciendo firmes, dan una buena cosecha.

LUCAS 8:11–15

Feliz el hombre que no sigue el consejo de los malvados, ni va por el camino de los pecadores, ni hace causa común con los que se burlan de Dios, sino que pone su amor en la ley del Señor y en ella medita noche y día. Ese hombre es como un árbol plantado a la orilla de un río, que da su fruto a su tiempo y jamás se marchitan sus hojas. ¡Todo lo que hace, le sale bien!

SALMOS 1:1–3

El fruto del Espíritu es caridad, alegría, paz, comprensión de los demás, generosidad, bondad, fidelidad, mansedumbre y dominio de sí mismo. Estas son cosas que no condena ninguna Ley.

GÁLATAS 5:22–23 (LATINOAMERICANA)

Lo que el Espíritu produce es amor, alegría, paz, paciencia, amabilidad, bondad, fidelidad, humildad y dominio propio. Contra tales cosas no hay ley.

GÁLATAS 5:22–23

Siempre que oramos por ustedes damos gracias a Dios, el Padre de nuestro Señor Jesucristo. Pues hemos recibido noticias de su fe en Cristo Jesús y del amor que tienen a todo el pueblo santo, animados por la esperanza de lo que a ustedes se les ha reservado en el cielo. De esto ya oyeron hablar al escuchar el mensaje de la verdad contenido en el evangelio que llegó hasta ustedes. Este mensaje está creciendo y dando fruto en todas partes del mundo, igual que ha sucedido entre ustedes desde que oyeron hablar de la bondad de Dios y reconocieron su verdad.

COLOSENSES 1:3–6

Y por esto deben esforzarse en añadir a su fe la buena conducta; a la buena conducta, el entendimiento; al entendimiento, el dominio propio; al dominio propio, la paciencia; a la paciencia, la devoción; a la devoción, el afecto fraternal; y al afecto fraternal, el amor. Si ustedes poseen estas cosas y las desarrollan, ni su vida será inútil ni habrán conocido en vano a nuestro Señor Jesucristo.

2 PEDRO 1:5–8

Pido en mi oración que su amor siga creciendo más y más todavía, y que Dios les dé sabiduría y entendimiento, para que sepan escoger siempre lo mejor. Así podrán vivir una vida limpia, y avanzar sin tropiezos hasta el día en que Cristo vuelva; pues ustedes presentarán una abundante cosecha de buenas acciones gracias a Jesucristo, para honra y gloria de Dios.

FILIPENSES 1:9–11

Así podrán portarse como deben hacerlo los que son del Señor, haciendo siempre lo que a él le agrada, dando frutos de toda clase de buenas obras y creciendo en el conocimiento de Dios. Pedimos que él, con su glorioso poder, los haga fuertes; así podrán ustedes soportarlo todo con mucha fortaleza y paciencia, y con alegría darán gracias al Padre, que los ha capacitado a ustedes para recibir en la luz la parte de la herencia que él dará al pueblo santo.

COLOSENSES 1:10–12

Generosidad

n.: Liberalidad en espíritu o acción.

Yo fui joven, y ya soy viejo, pero nunca vi desamparado al hombre bueno ni jamás vi a sus hijos pedir limosna. A todas horas siente compasión, y da prestado; sus hijos son una bendición.

SALMOS 37:25–26

Fui joven, ya soy viejo, nunca vi al justo abandonado, ni a su linaje mendigando el pan. En todo tiempo es compasivo y presta, su estirpe vivirá en bendición.

Salmos 37:25–26 (Jerusalén)

El hombre de bien presta con generosidad y maneja con honradez sus negocios; por eso jamás llegará a caer. ¡El hombre justo será siempre recordado! No tiene miedo de malas noticias; su corazón está firme, confiado en el Señor. Su corazón está firme; no tiene miedo, y aun mira con burla a sus enemigos. Reparte limosna entre los pobres, su generosidad es constante, levanta la frente con honor.

Salmos 112:5–9

El que siembra poco, poco cosecha; el que siembra mucho, mucho cosecha. Cada uno debe dar según lo que haya decidido en su corazón, y no de mala gana o a la fuerza, porque Dios ama al que da con alegría. Dios puede darles a ustedes con abundancia toda clase de bendiciones, para que tengan siempre todo lo necesario y además les sobre para ayudar en toda clase de buenas obras.

2 Corintios 9:6–8

Den a otros, y Dios les dará a ustedes. Les dará en su bolsa una medida buena, apretada, sacudida y repleta. Con la misma medida con que ustedes den a otros, Dios les devolverá a ustedes.

Lucas 6:38

Cualquiera que les dé a ustedes aunque sólo sea un vaso de agua por ser ustedes de Cristo, les aseguro que tendrá su premio.

Marcos 9:41

La Escritura dice: «Ha dado abundantemente a los pobres, y su generosidad permanece para siempre.» Dios, que da la semilla que se siembra y el alimento que se come, les dará a ustedes todo lo necesario para su siembra, y la hará crecer, y hará que la generosidad de ustedes produzca una gran cosecha.

2 Corintios 9:9–10

Hay gente desprendida que recibe más de lo que da, y gente tacaña que acaba en la pobreza. El que es generoso, prospera; el que da, también recibe.

PROVERBIOS 11:24–25

El que mira a otros con bondad, será bendecido por compartir su pan con los pobres.

PROVERBIOS 22:9

Si hay algún pobre entre tus compatriotas en alguna de las ciudades del país que el Señor tu Dios te da, no seas inhumano ni le niegues tu ayuda a tu compatriota necesitado; al contrario, sé generoso con él y préstale lo que necesite.

DEUTERONOMIO 15:7–8

Siempre les he enseñado que así se debe trabajar y ayudar a los que están en necesidad, recordando aquellas palabras del Señor Jesús: "Hay más dicha en dar que en recibir."

HECHOS 20:35

Debes ayudarlo siempre y sin que te pese, porque por esta acción el Señor tu Dios te bendecirá en todo lo que hagas y emprendas. Nunca dejará de haber necesitados en la tierra, y por eso yo te mando que seas generoso con aquellos compatriotas tuyos que sufran pobreza y miseria en tu país.

DEUTERONOMIO 15:10–11

Mansedumbre
n.: Estado de ser pacífico, dócil, tolerante
o moderado; no áspero.

Que el adorno de ustedes no consista en cosas externas, como peinados exagerados, joyas de oro o vestidos lujosos, sino en lo íntimo del corazón, en la belleza incorruptible de un espíritu suave y tranquilo. Esta belleza vale mucho delante de Dios. Pues éste era también, en tiempos antiguos, el adorno de las mujeres santas; ellas confiaban en Dios y se sometían a sus esposos.

1 PEDRO 3:3–5

Lo que el Espíritu produce es amor, alegría, paz, paciencia, amabilidad, bondad, fidelidad, humildad y dominio propio. Contra tales cosas no hay ley. Y los que son de Cristo Jesús, ya han crucificado la naturaleza del hombre pecador junto con sus pasiones y malos deseos. Si ahora vivimos por el Espíritu, dejemos también que el Espíritu nos guíe.

GÁLATAS 5:22–25

Enseñar a las jóvenes a amar a sus esposos y a sus hijos, a ser juiciosas, puras, cuidadosas del hogar, bondadosas y sujetas a sus esposos, para que nadie pueda hablar mal del mensaje de Dios.

TITO 2:4–5

El amor al dinero es raíz de toda clase de males; y hay quienes, por codicia, se han desviado de la fe y se han causado terribles sufrimientos. Pero tú, hombre de Dios, huye de todo esto. Lleva una vida de rectitud, de piedad, de fe, de amor, de fortaleza en el sufrimiento y de humildad de corazón.

1 TIMOTEO 6:10–11

Honren a Cristo como Señor en sus corazones. Estén siempre preparados a responder a todo el que les pida razón de la esperanza que ustedes tienen.

1 PEDRO 3:15

Si entre ustedes hay alguno sabio y entendido, que lo demuestre con su buena conducta, con la humildad que su sabiduría le da.

SANTIAGO 3:13

Vengan a mí todos ustedes que están cansados de sus trabajos y cargas, y yo los haré descansar. Acepten el yugo que les pongo, y aprendan de mí, que soy paciente y de corazón humilde; así

encontrarán descanso. Porque el yugo que les pongo y la carga
que les doy a llevar son ligeros.

MATEO 11:28–30

Recuerda a los otros que se sometan al gobierno y a las autoridades, que sean obedientes y que siempre estén dispuestos a
hacer lo bueno. Que no hablen mal de nadie, que sean pacíficos
y bondadosos, y que se muestren humildes de corazón en su
trato con todos.

TITO 3:1–2

Yo, que estoy preso por la causa del Señor, les ruego que se porten como deben hacerlo los que han sido llamados por Dios,
como lo fueron ustedes. Sean humildes y amables; tengan paciencia y sopórtense unos a otros con amor.

EFESIOS 4:1–2

Dios los ama a ustedes y los ha escogido para que pertenezcan
al pueblo santo. Revístanse de sentimientos de compasión, bondad, humildad, mansedumbre y paciencia.

COLOSENSES 3:12

Si alguien aspira al cargo de presidir la comunidad, a un buen
trabajo aspira. Por eso, el que tiene este cargo ha de ser irrepren-
sible. Debe ser esposo de una sola mujer y llevar una vida seria,
juiciosa y respetable. Debe estar siempre dispuesto a hospedar
gente en su casa; debe ser apto para enseñar; no debe ser borra-
cho ni amigo de peleas, sino bondadoso, pacífico y desinteresa-
do en cuanto al dinero.

1 TIMOTEO 3:1–3

Un siervo del Señor no debe andar en peleas; al contrario, debe
ser bueno con todos. Debe ser apto para enseñar; debe tener paciencia y corregir con corazón humilde a los rebeldes, esperando
que Dios haga que se vuelvan a él y conozcan la verdad.

2 TIMOTEO 2:24–25

Voluntad de Dios

n.: Bosquejo o plano de la intención de Dios para usted,
y que se instituyó el momento en que él lo creó.

Yo sé los planes que tengo para ustedes, planes para su bienestar
y no para su mal, a fin de darles un futuro lleno de esperanza.
Yo, el Señor, lo afirmo. Entonces ustedes me invocarán, y vendrán a mí en oración y yo los escucharé. Me buscarán y me encontrarán, porque me buscarán de todo corazón.

JEREMÍAS 29:11–13

[Dios] nos ha hecho conocer el designio secreto de su voluntad.
Él en su bondad se había propuesto realizar en Cristo este designio, e hizo que se cumpliera el término que había señalado.
Y este designio consiste en que Dios ha querido unir bajo el
mando de Cristo todas las cosas, tanto en el cielo como en la
tierra. En Cristo, Dios nos había escogido de antemano para
que tuviéramos parte en su herencia, de acuerdo con el propósito de Dios mismo, que todo lo hace según la determinación de
su voluntad. Y él ha querido que nosotros seamos los primeros
en poner nuestra esperanza en Cristo.

EFESIOS 1:9–12

Todos los que el Padre me da, vienen a mí; y a los que vienen a
mí, no los echaré fuera. Porque yo no he bajado del cielo para
hacer mi propia voluntad, sino para hacer la voluntad de mi Padre, que me ha enviado. Y la voluntad del que me ha enviado es
que yo no pierda a ninguno de los que me ha dado, sino que los
resucite en el día último. Porque la voluntad de mi Padre es que
todos los que miran al Hijo de Dios y creen en él, tengan vida
eterna; y yo los resucitaré en el día último.

JUAN 6:37–40

Nosotros, desde el día que lo supimos, no hemos dejado de orar
por ustedes y de pedir a Dios que los haga conocer plenamente
su voluntad y les dé toda clase de sabiduría y entendimiento
espiritual. Así podrán portarse como deben hacerlo los que son

del Señor, haciendo siempre lo que a él le agrada, dando frutos de toda clase de buenas obras y creciendo en el conocimiento de Dios.

Colosenses 1:9–10

En Cristo, Dios nos había escogido de antemano para que tuviéramos parte en su herencia, de acuerdo con el propósito de Dios mismo, que todo lo hace según la determinación de su voluntad. Y él ha querido que nosotros seamos los primeros en poner nuestra esperanza en Cristo.

Efesios 1:11–12

Tenemos confianza en Dios, porque sabemos que si le pedimos algo conforme a su voluntad, él nos oye. Y así como sabemos que Dios oye nuestras oraciones, también sabemos que ya tenemos lo que le hemos pedido.

1 Juan 5:14–15

Hermanos míos, les ruego por la misericordia de Dios que se presenten ustedes mismos como ofrenda viva, santa y agradable a Dios. Éste es el verdadero culto que deben ofrecer. No vivan ya según los criterios del tiempo presente; al contrario, cambien su manera de pensar para que así cambie su manera de vivir y lleguen a conocer la voluntad de Dios.

Romanos 12:1–2

Les ruego, pues, hermanos, por la gran ternura de Dios, que le ofrezcan su propia persona como un sacrificio vivo y santo capaz de agradarle; este culto conviene a criaturas que tienen juicio. No sigan la corriente del mundo en que vivimos, sino más bien transfórmense a partir de una renovación interior. Así sabrán distinguir cuál es la voluntad de Dios, lo que es bueno, lo que le agrada, lo que es perfecto.

Romanos 12:1–2 (Latinoamericana)

Hermanos, no digo que yo mismo ya lo haya alcanzado; lo que sí hago es olvidarme de lo que queda atrás y esforzarme por alcanzar

lo que está delante, para llegar a la meta y ganar el premio celestial
que Dios nos llama a recibir por medio de Cristo Jesús.

Filipenses 3:13–14

Bondad
n.: Estado de ser bueno.

No debemos cansarnos de hacer el bien; porque si no nos desanimamos, a su debido tiempo cosecharemos. Por eso, siempre
que podamos, hagamos bien a todos, y especialmente a nuestros
hermanos en la fe.

Gálatas 6:9–10

Por causa del Señor, sométanse a toda autoridad humana: tanto
al emperador, porque ocupa el cargo más alto, como a los gobernantes que él envía para castigar a los malhechores y honrar
a los que hacen el bien. Porque Dios quiere que ustedes hagan
el bien, para que los ignorantes y los tontos no tengan nada que
decir en contra de ustedes.

1 Pedro 2:13–15

Busquemos la manera de ayudarnos unos a otros a tener más
amor y a hacer el bien. No dejemos de asistir a nuestras reu-
niones, como hacen algunos, sino animémonos unos a otros; y
tanto más cuanto que vemos que el día del Señor se acerca.

Hebreos 10:24–25

¡Qué grande es tu bondad para aquellos que te honran! La
guardas como un tesoro y, a la vista de los hombres, la repartes
a quienes confían en ti. Con la protección de tu presencia los
libras de los planes malvados del hombre; bajo tu techo los pro-
teges de los insultos de sus enemigos.

Salmos 31:19–20

Un joven fue a ver a Jesús, y le preguntó:
—Maestro, ¿qué cosa buena debo hacer para tener vida eterna?
Jesús le contestó:

—¿Por qué me preguntas acerca de lo que es bueno? Bueno solamente hay uno. Pero si quieres entrar en la vida, obedece los mandamientos.

MATEO 19:16–17

Honren al Señor, los consagrados a él, pues nada faltará a los que lo honran.

SALMOS 34:9

Queridos hermanos, les ruego, como a extranjeros de paso por este mundo, que no den lugar a los deseos humanos que luchan contra el alma. Condúzcanse bien entre los paganos. Así ellos, aunque ahora hablen contra ustedes como si ustedes fueran malhechores, verán el bien que ustedes hacen y alabarán a Dios el día en que él pida cuentas a todos.

1 PEDRO 2:11–12

Todo lo que Dios ha creado es bueno; y nada debe ser rechazado si lo aceptamos dando gracias a Dios, porque la palabra de Dios y la oración lo hacen puro. Enseña estas cosas a los hermanos, y serás un buen servidor de Cristo Jesús, un servidor alimentado con las palabras de la fe y de la buena enseñanza que has seguido.

1 TIMOTEO 4:4–6

En todo, y dales tú mismo ejemplo de cómo hacer el bien. Al enseñarles, hazlo con toda pureza y dignidad, hablando de una manera sana, que nadie pueda condenar. Así sentirá vergüenza cualquiera que se ponga en contra, pues no podrá decir nada malo de nosotros.

TITO 2:7–8

He tenido noticias del amor y la fe que tienes para con el Señor Jesús y para con todos los que pertenecen al pueblo santo. Y pido a Dios que tu participación en la misma fe te lleve a conocer todo el bien que podemos realizar por amor a Cristo. Estoy muy

contento y animado por tu amor, ya que tú, hermano, has llenado
de consuelo el corazón de los que pertenecen al pueblo santo.

Filemón 1:5-7

Esto es muy cierto, y quiero que insistas mucho en ello, para
que los que creen en Dios se ocupen en hacer el bien. Estas cosas son buenas y útiles para todos.

Tito 3:8

Gracia

n.: Favor inmerecido de Dios basado
en el mérito de alguien más.

Dios es tan misericordioso y nos amó con un amor tan grande,
que nos dio vida juntamente con Cristo cuando todavía estábamos muertos a causa de nuestros pecados. Por la bondad de
Dios han recibido ustedes la salvación. Y en unión con Cristo
Jesús nos resucitó, y nos hizo sentar con él en el cielo. Hizo
esto para demostrar en los tiempos futuros su generosidad y su
bondad para con nosotros en Cristo Jesús. Pues por la bondad
de Dios han recibido ustedes la salvación por medio de la fe. No
es esto algo que ustedes mismos hayan conseguido, sino que es
un don de Dios. No es el resultado de las propias acciones, de
modo que nadie puede gloriarse de nada.

Efesios 2:4-9

Siempre doy gracias a mi Dios por ustedes, por la gracia que
Dios ha derramado sobre ustedes por medio de Cristo Jesús.
Pues por medio de él Dios les ha dado toda riqueza espiritual,
así de palabra como de conocimiento, ya que el mensaje acerca
de Cristo se estableció firmemente entre ustedes. De este modo
no les falta ningún don de Dios mientras esperan el día en que
aparezca nuestro Señor Jesucristo.

1 Corintios 1:4-7

Dios nuestro Salvador mostró su bondad y su amor por la humanidad, y, sin que nosotros hubiéramos hecho nada bueno, por pura misericordia nos salvó lavándonos y regenerándonos, y dándonos nueva vida por el Espíritu Santo. Pues por medio de Jesucristo nuestro Salvador nos dio en abundancia el Espíritu Santo, para que, después de hacernos justos por su bondad, tengamos la esperanza de recibir en herencia la vida eterna.

Tito 3:4–7

Si la muerte reinó como resultado del delito de un solo hombre, con mayor razón aquellos a quienes Dios, en su gran bondad y gratuitamente, hace justos, reinarán en la nueva vida mediante un solo hombre, Jesucristo. Y así como el delito de Adán puso bajo condenación a todos los hombres, así también el acto justo de Jesucristo hace justos a todos los hombres para que tengan vida. Es decir, que por la desobediencia de un solo hombre, muchos fueron hechos pecadores; pero, de la misma manera, por la obediencia de un solo hombre, muchos serán hechos justos. La ley se añadió para que aumentara el pecado; pero cuando el pecado aumentó, Dios se mostró aún más bondadoso. Y así como el pecado reinó trayendo la muerte, así también la bondad de Dios reinó haciéndonos justos y dándonos vida eterna mediante nuestro Señor Jesucristo.

Romanos 5:17–21

Juan dio testimonio de él, diciendo: «Éste es aquel a quien yo me refería cuando dije que el que viene después de mí es más importante que yo, porque existía antes que yo.» De su abundancia todos hemos recibido un don en vez de otro; porque la ley fue dada por medio de Moisés, pero el amor y la verdad se han hecho realidad por medio de Jesucristo.

Juan 1:15–17

Estén preparados y usen de su buen juicio. Pongan toda su esperanza en lo que Dios en su bondad les va a dar cuando Jesucristo aparezca.

1 Pedro 1:13

Dios nos ayuda más con su bondad, pues la Escritura dice: «Dios se opone a los orgullosos, pero trata con bondad a los humildes.» Sométanse, pues, a Dios. Resistan al diablo, y éste huirá de ustedes.

SANTIAGO 4:6–7

Cada uno de nosotros ha recibido los dones que Cristo le ha querido dar.

EFESIOS 4:7

A cada uno de nosotros le ha sido concedido el favor divino a la medida de los dones de Cristo.

EFESIOS 4:7 (JERUSALÉN)

Guía

n.: Acción de conducir u orientar a otro en una dirección.

Si te das a ti mismo en servicio del hambriento, si ayudas al afligido en su necesidad, tu luz brillará en la oscuridad, tus sombras se convertirán en luz de mediodía. Yo te guiaré continuamente, te daré comida abundante en el desierto, daré fuerza a tu cuerpo y serás como un jardín bien regado, como un manantial al que no le falta el agua.

ISAÍAS 58:10–11

Hijo mío, guarda siempre en tu memoria los mandamientos y enseñanzas de tus padres. Llévalos siempre sobre tu corazón, átalos alrededor de tu cuello; te guiarán cuando andes de viaje, te protegerán cuando estés dormido, hablarán contigo cuando despiertes. En verdad, los mandamientos y las enseñanzas son una lámpara encendida; las correcciones y los consejos son el camino de la vida.

PROVERBIOS 6:20–23

Señor, muéstrame tus caminos; guíame por tus senderos; guíame, encamíname en tu verdad, pues tú eres mi Dios y Salvador. ¡En ti confío a todas horas!

SALMOS 25:4–5

Hacia ti tiendo las manos, sediento de ti, cual tierra seca. Señor, ¡respóndeme pronto, pues ya se me acaba el aliento! No me niegues tu ayuda, porque entonces seré como los muertos. Por la mañana hazme saber de tu amor, porque en ti he puesto mi confianza. Hazme saber cuál debe ser mi conducta, porque a ti dirijo mis anhelos.

SALMOS 143:6–8

Señor, en ti busco protección; ¡no me defraudes jamás! ¡Ponme a salvo, pues tú eres justo! Dígnate escucharme; ¡date prisa, líbrame ya! Sé tú mi roca protectora, ¡sé tú mi castillo de refugio y salvación! ¡Tú eres mi roca y mi castillo! ¡Guíame y protégeme; haz honor a tu nombre!

SALMOS 31:1–3

Cuando venga el Espíritu de la verdad, él los guiará a toda verdad; porque no hablará por su propia cuenta, sino que dirá todo lo que oiga, y les hará saber las cosas que van a suceder.

JUAN 16:13

Confía de todo corazón en el Señor y no en tu propia inteligencia. Ten presente al Señor en todo lo que hagas, y él te llevará por el camino recto.

PROVERBIOS 3:5–6

Dichos de Salomón, hijo de David, rey de Israel, que tienen como propósito: comunicar sabiduría e instrucción, ayudar a comprender palabras llenas de sentido, adquirir instrucción, prudencia, justicia, rectitud y equilibrio; hacer sagaces a los jóvenes inexpertos, y darles conocimiento y reflexión. El que es sabio e inteligente, los escucha, y adquiere así más sabiduría y experiencia para entender los dichos de los sabios, y sus palabras, ejemplos y adivinanzas.

PROVERBIOS 1:1–6

Siempre he estado contigo. Me has tomado de la mano derecha, me has dirigido con tus consejos y al final me recibirás con honores.

SALMOS 73:23–24

¿No estado yo contigo todo el tiempo? Me tomaste de mi mano derecha, me guías conforme a tus designios y me llevas de la mano tras de ti.

SALMOS 73:23–24 (LATINOAMERICANA)

Si levantara el vuelo hacia el oriente, o habitara en los límites del mar occidental, aun allí me alcanzaría tu mano; ¡tu mano derecha no me soltaría!

SALMOS 139:9–10

Culpa

n.: Estado de merecer reproche o sentimiento
de responsabilidad debido a ofensas.

¡Voy a confesar mis pecados, pues me llenan de inquietud! Mis enemigos han aumentado; muchos son los que me odian sin motivo. Me han pagado mal por bien; porque busco hacer el bien se ponen en contra mía. Señor, ¡no me dejes solo! Dios mío, ¡no te alejes de mí! Dios y Salvador mío, ¡ven pronto en mi ayuda!

SALMOS 38:18–22

Mis maldades me tienen abrumado; son una carga que no puedo soportar. Por causa de mi necedad, mis heridas se pudren y apestan. Todo el día ando triste, cabizbajo y deprimido. La espalda me arde de fiebre; ¡tengo enfermo todo el cuerpo! Estoy completamente molido y sin fuerzas; ¡mis quejas son quejas del corazón! Señor, tú conoces todos mis deseos, ¡mis suspiros no son un secreto para ti! Mi corazón late de prisa, las fuerzas me abandonan, ¡aun la vista se me nubla! Yo espero de ti, Señor y Dios mío, que seas tú quien les conteste.

SALMOS 38:4–10, 15

Cuando ustedes levantan las manos para orar, yo aparto mis ojos de ustedes; y aunque hacen muchas oraciones, yo no las escucho. Tienen las manos manchadas de sangre. ¡Lávense, límpiense! ¡Aparten de mi vista sus maldades! ¡Dejen de hacer el mal! ¡Aprendan a hacer el bien, esfuércense en hacer lo que es justo, ayuden al oprimido, hagan justicia al huérfano, defiendan los derechos de la viuda!» El Señor dice: «Vengan, vamos a discutir este asunto. Aunque sus pecados sean como el rojo más vivo, yo los dejaré blancos como la nieve; aunque sean como tela teñida de púrpura, yo los dejaré blancos como la lana.»

ISAÍAS 1:15–18

¿Quién se da cuenta de sus propios errores? ¡Perdona, Señor, mis faltas ocultas! Quítale el orgullo a tu siervo; no permitas que el orgullo me domine. Así seré un hombre sin tacha; estaré libre de gran pecado.

SALMOS 19:12–13

«Israel, pueblo de Jacob, recuerda que tú eres mi siervo; tú eres mi siervo, pues yo te formé. Israel, no te olvides de mí. Yo he hecho desaparecer tus faltas y pecados, como desaparecen las nubes. Vuélvete a mí, pues yo te he libertado.» ¡Cielo, grita de alegría por lo que el Señor ha hecho! ¡Lancen vivas, abismos de la tierra! ¡Montañas y bosques con todos sus árboles, griten llenos de alegría.

ISAÍAS 44:21–23

Feliz el hombre a quien sus culpas y pecados le han sido perdonados por completo. Feliz el hombre que no es mal intencionado y a quien el Señor no acusa de falta alguna. Mientras no confesé mi pecado, mi cuerpo iba decayendo por mi gemir de todo el día, pues de día y de noche tu mano pesaba sobre mí. Como flor marchita por el calor del verano, así me sentía decaer.

Pero te confesé sin reservas mi pecado y mi maldad; decidí confesarte mis pecados, y tú, Señor, los perdonaste.

SALMOS 32:1–5

La alianza que haré con Israel después de aquellos días, será ésta, dice el Señor: Pondré mis leyes en su mente y las escribiré en su corazón. Yo seré su Dios y ellos serán mi pueblo. Ya no será necesario que unos a otros, compatriotas o parientes, tengan que instruirse para que conozcan al Señor, porque todos me conocerán, desde el más pequeño hasta el más grande. Yo les perdonaré sus maldades y no me acordaré más de sus pecados.

HEBREOS 8:10–12

Salud y Sanidad
n.: Condición de estar saludable en cuerpo y mente,
o el acto de haber sido sanado en cuerpo y mente.

Cristo mismo llevó nuestros pecados en su cuerpo sobre la cruz, para que nosotros muramos al pecado y vivamos una vida de rectitud. Cristo fue herido para que ustedes fueran sanados.

1 PEDRO 2:24

Los hombres lo despreciaban y lo rechazaban. Era un hombre lleno de dolor, acostumbrado al sufrimiento. Como a alguien que no merece ser visto, lo despreciamos, no lo tuvimos en cuenta. Y sin embargo él estaba cargado con nuestros sufrimientos, estaba soportando nuestros propios dolores. Nosotros pensamos que Dios lo había herido, que lo había castigado y humillado. Pero fue traspasado a causa de nuestra rebeldía, fue atormentado a causa de nuestras maldades; el castigo que sufrió nos trajo la paz, por sus heridas alcanzamos la salud.

ISAÍAS 53:3–5

Si alguno está enfermo, que llame a los ancianos de la iglesia, para que oren por él y en el nombre del Señor lo unjan con

aceite. Y cuando oren con fe, el enfermo sanará, y el Señor lo
levantará; y si ha cometido pecados, le serán perdonados.

Santiago 5:14–15

Querido hermano, pido a Dios que, así como te va bien espiritualmente, te vaya bien en todo y tengas buena salud.

3 Juan 1:2

Dios llenó de poder y del Espíritu Santo a Jesús de Nazaret,
y que Jesús anduvo haciendo bien y sanando a todos los que
sufrían bajo el poder del diablo. Esto pudo hacerlo porque Dios
estaba con él, y nosotros somos testigos de todo lo que hizo
Jesús en la región de Judea y en Jerusalén. Después lo mataron,
colgándolo en una cruz.

Hechos 10:38–39

Estas señales acompañarán a los que creen: en mi nombre ex-
pulsarán demonios; hablarán nuevas lenguas; tomarán en las
manos serpientes; y si beben algo venenoso, no les hará daño;
además pondrán las manos sobre los enfermos, y éstos sanarán.

Marcos 16:17–18

Enfermos y afligidos por sus propias maldades y pecados, no
soportaban ningún alimento; ¡ya estaban a las puertas de la
muerte! Pero en su angustia clamaron al Señor, y él los salvó de
la aflicción; envió su palabra, y los sanó; ¡los libró del sepulcro!
Den gracias al Señor por su amor, ¡por lo que hace en favor de
los hombres!

Salmos 107:17–21

Bendeciré al Señor con toda mi alma; bendeciré con todo mi ser
su santo nombre. Bendeciré al Señor con toda mi alma; no olvidaré ninguno de sus beneficios. Él es quien perdona todas mis
maldades, quien sana todas mis enfermedades, quien libra mi
vida del sepulcro, quien me colma de amor y ternura, quien me
satisface con todo lo mejor y me rejuvenece como un águila.

Salmos 103:1–5

Adora al Señor tu Dios, y él bendecirá tu pan y tu agua. Yo alejaré de ti la enfermedad.

ÉXODO 23:25

Ustedes sólo servirán a Yavé, y yo bendeciré tu pan y tu agua, y apartaré de ti todas las enfermedades.

ÉXODO 23:25 (LATINOAMERICANA)

Si ponen ustedes toda su atención en lo que yo, el Señor su Dios, les digo, y si hacen lo que a mí me agrada, obedeciendo mis mandamientos y cumpliendo mis leyes, no les enviaré ninguna de las plagas que envié sobre los egipcios, pues yo soy el Señor, el que los sana a ustedes.

ÉXODO 15:26

Cielo
n.: Lugar de comunión eterna con
Dios después de la muerte.

No se angustien ustedes. Crean en Dios y crean también en mí. En la casa de mi Padre hay muchos lugares donde vivir; si no fuera así, yo no les hubiera dicho que voy a prepararles un lugar. Y después de irme y de prepararles un lugar, vendré otra vez para llevarlos conmigo, para que ustedes estén en el mismo lugar en donde yo voy a estar.

JUAN 14:1-3

Dichosos ustedes, cuando la gente los insulte y los maltrate, y cuando por causa mía los ataquen con toda clase de mentiras. Alégrense, estén contentos, porque van a recibir un gran premio en el cielo.

MATEO 5:11-12

No amontonen riquezas aquí en la tierra, donde la polilla destruye y las cosas se echan a perder, y donde los ladrones entran a robar. Más bien amontonen riquezas en el cielo, donde la polilla no destruye ni las cosas se echan a perder ni los ladrones entran a robar. Pues donde esté tu riqueza, allí estará también tu corazón.

MATEO 6:19-21

Nosotros somos ciudadanos del cielo, y estamos esperando que del cielo venga el Salvador, el Señor Jesucristo, que cambiará nuestro cuerpo miserable para que sea como su propio cuerpo glorioso. Y lo hará por medio del poder que tiene para dominar todas las cosas.

FILIPENSES 3:20-21

Nosotros esperamos el cielo nuevo y la tierra nueva que Dios ha prometido, en los cuales todo será justo y bueno. Por eso, queridos hermanos, mientras esperan estas cosas, hagan todo lo posible para que Dios los encuentre en paz, sin mancha ni culpa.

2 PEDRO 3:13-14

No se alegren de que los espíritus los obedezcan, sino de que sus nombres ya están escritos en el cielo.

LUCAS 10:20

Alabemos al Dios y Padre de nuestro Señor Jesucristo, que por su gran misericordia nos ha hecho nacer de nuevo por la resurrección de Jesucristo. Esto nos da una esperanza viva, y hará que ustedes reciban la herencia que Dios les tiene guardada en el cielo, la cual no puede destruirse, ni mancharse, ni marchitarse. Por la fe que ustedes tienen en Dios, él los protege con su poder para que alcancen la salvación que tiene preparada, la cual dará a conocer en los tiempos últimos.

1 PEDRO 1:3-5

Se trata más bien de la sabiduría oculta de Dios, del designio secreto que él, desde la eternidad, ha tenido para nuestra gloria. Esto es algo que no han entendido los gobernantes del mundo presente, pues si lo hubieran entendido no habrían crucificado al Señor de la gloria. Pero, como se dice en la Escritura: «Dios ha preparado para los que lo aman.»

1 CORINTIOS 2:7-9

Les digo que así también hay más alegría en el cielo por un pecador que se convierte que por noventa y nueve justos que no necesitan convertirse.

Lucas 15:7

Al ver la multitud, Jesús subió al monte y se sentó. Sus discípulos se le acercaron, y él tomó la palabra y comenzó a enseñarles, diciendo: «Dichosos los que tienen espíritu de pobres, porque de ellos es el reino de los cielos.»

Mateo 5:1–3

Después vi un cielo nuevo y una tierra nueva; porque el primer cielo y la primera tierra habían dejado de existir, y también el mar. Vi la ciudad santa, la nueva Jerusalén, que bajaba del cielo, de la presencia de Dios. Estaba arreglada como una novia vestida para su prometido.

Apocalipsis 21:1–2

Santidad

n.: Estado de ser perfecto en bondad.

Como hijos obedientes, no vivan conforme a los deseos que tenían antes de conocer a Dios. Al contrario, vivan de una manera completamente santa, porque Dios, que los llamó, es santo; pues la Escritura dice: «Sean ustedes santos, porque yo soy santo.»

1 Pedro 1:14–16

Los dioses de otros pueblos no son nada, pero el Señor hizo los cielos. ¡Hay gran esplendor en su presencia! ¡Hay poder y alegría en su santuario! Den al Señor, familias de los pueblos, den al Señor el poder y la gloria; den al Señor la honra que merece; con ofrendas preséntense ante él; adoren al Señor en su santuario hermoso. ¡Que todo el mundo tiemble delante de él! Él afirmó el mundo para que no se mueva.

1 Crónicas 16:26–30

Conságrense completamente a mí, y sean santos, pues yo soy el Señor su Dios. Pongan en práctica mis leyes; cúmplanlas. Yo soy el Señor, que los consagra para mí.

LEVÍTICO 20:7–8

Mi alma se alegra en Yavé, en Dios me siento llena de fuerza, ahora puedo responder a mis enemigos, pues me siento feliz con tu auxilio. Sólo Yavé es Santo, pues nada hay fuera de Ti, no hay roca tan firme como nuestro Dios.

1 SAMUEL 2:1–2 (LATINOAMERICANA)

Dios nos escogió en Cristo desde antes de la creación del mundo, para que fuéramos santos y sin defecto en su presencia. Por su amor, nos había destinado a ser adoptados como hijos suyos por medio de Jesucristo, hacia el cual nos ordenó, según la determinación bondadosa de su voluntad.

EFESIOS 1:4–5

Manifestaré mi grandeza y mi santidad, me daré a conocer a los ojos de numerosas naciones y sabrán que yo soy Yahveh.

EZEQUIEL 38:23 (JERUSALÉN)

Por eso debemos mantenernos limpios de todo lo que pueda mancharnos, tanto en el cuerpo como en el espíritu; y en el temor de Dios procuremos alcanzar una completa santidad.

2 CORINTIOS 7:1

Nuestros padres aquí en la tierra nos corregían durante esta corta vida, según lo que les parecía más conveniente; pero Dios nos corrige para nuestro verdadero provecho, para hacernos santos como él.

HEBREOS 12:10

Procuren estar en paz con todos y progresen en la santidad, pues sin ella nadie verá al Señor.

HEBREOS 12:14

Puesto que todo va a ser destruido de esa manera, ¡con cuánta santidad y devoción deben vivir ustedes! Esperen la llegada del día de Dios, y hagan lo posible por apresurarla. Ese día los cielos serán destruidos por el fuego, y los elementos se derretirán entre las llamas; pero nosotros esperamos el cielo nuevo y la tierra nueva que Dios ha prometido, en los cuales todo será justo y bueno. Por eso, queridos hermanos, mientras esperan estas cosas, hagan todo lo posible para que Dios los encuentre en paz, sin mancha ni culpa.

2 PEDRO 3:11–14

Que el Señor los haga crecer y tener todavía más amor los unos para con los otros y para con todos, como nosotros los amamos a ustedes. Que los haga firmes en sus corazones, santos e irreprochables delante de Dios nuestro Padre cuando regrese nuestro Señor Jesús con todo su pueblo santo. Amén.

1 TESALONICENSES 3:12–13

Espíritu Santo
n.: El Espíritu de Dios.

Yo haré cualquier cosa que en mi nombre ustedes me pidan. Si ustedes me aman, obedecerán mis mandamientos. Y yo le pediré al Padre que les mande otro Defensor, el Espíritu de la verdad, para que esté siempre con ustedes. Los que son del mundo no lo pueden recibir, porque no lo ven ni lo conocen; pero ustedes lo conocen, porque él permanece con ustedes y estará en ustedes.

JUAN 14:14–17

El Espíritu nos ayuda en nuestra debilidad. Porque no sabemos orar como es debido, pero el Espíritu mismo ruega a Dios por nosotros, con gemidos que no pueden expresarse con palabras. Y Dios, que examina los corazones, sabe qué es lo que el Espíritu quiere decir, porque el Espíritu ruega, conforme a la voluntad de Dios, por los del pueblo santo.

ROMANOS 8:26–27

La alianza que haré con ellos después de aquellos días, será ésta, dice el Señor: Pondré mis leyes en su corazón y las escribiré en su mente. Y no me acordaré más de sus pecados y maldades.

HEBREOS 10:15–17

Yo rogaré al Padre y les dará otro Protector que permanecerá siempre con ustedes, el Espíritu de Verdad, a quien el mundo no puede recibir, porque no lo ve ni lo conoce. Pero ustedes lo conocen, porque está con ustedes y permanecerá en ustedes.

JUAN 14:16–17 (LATINOAMERICANA)

El Defensor, el Espíritu Santo que el Padre va a enviar en mi nombre, les enseñará todas las cosas y les recordará todo lo que yo les he dicho.

JUAN 14:26 (JERUSALÉN)

Después de estas cosas derramaré mi espíritu sobre toda la humanidad: los hijos e hijas de ustedes profetizarán, los viejos tendrán sueños y los jóvenes visiones. También sobre siervos y siervas derramaré mi espíritu en aquellos días.

JOEL 2:28–29

Pedro les contestó:
—Vuélvanse a Dios y bautícese cada uno en el nombre de Jesucristo, para que Dios les perdone sus pecados, y así él les dará el Espíritu Santo. Porque esta promesa es para ustedes y para sus hijos, y también para todos los que están lejos; es decir, para todos aquellos a quienes el Señor nuestro Dios quiera llamar.

HECHOS 2:38–39

Nosotros no hemos recibido el espíritu del mundo, sino el Espíritu que viene de Dios, para que entendamos las cosas que Dios en su bondad nos ha dado. Hablamos de estas cosas con palabras que el Espíritu de Dios nos ha enseñado, y no con palabras que hayamos aprendido por nuestra propia sabiduría. Así explicamos las cosas espirituales con términos espirituales. El que no es espiritual no acepta las cosas que son del Espíritu de Dios, porque para él son tonterías. Y tampoco las puede entender, porque son cosas que tienen que juzgarse espiritualmente. Pero aquel que tiene el Espíritu puede juzgar todas las cosas, y nadie lo puede juzgar a él.

1 CORINTIOS 2:12–15

Gracias a Cristo, también ustedes que oyeron el mensaje de la verdad, la buena noticia de su salvación, y abrazaron la fe, fueron sellados como propiedad de Dios con el Espíritu Santo que él había prometido. Este Espíritu es el anticipo que nos garantiza la herencia que Dios nos ha de dar, cuando haya completado nuestra liberación y haya hecho de nosotros el pueblo de su posesión, para que todos alabemos su glorioso poder.

EFESIOS 1:13–14

Esperanza
n.: Deseo acompañado por expectativa
o fe en el cumplimiento de algo.

Él da fuerzas al cansado, y al débil le aumenta su vigor. Hasta los jóvenes pueden cansarse y fatigarse, hasta los más fuertes llegan a caer, pero los que confían en el Señor tendrán siempre nuevas fuerzas y podrán volar como las águilas; podrán correr sin cansarse y caminar sin fatigarse.

ISAÍAS 40:29–31

Una cosa quiero tener presente y poner en ella mi esperanza: El amor del Señor no tiene fin, ni se han agotado sus bondades. Cada mañana se renuevan; ¡qué grande es su fidelidad! Y me digo: ¡El Señor lo es todo para mí; por eso en él confío! El Señor es bueno con los que en él confían, con los que a él recurren.

LAMENTACIONES 3:21–25

Esperanza frustrada, corazón afligido, pero el deseo cumplido es como un árbol de vida.

PROVERBIOS 13:12

Así de dulces te parecerán la sabiduría y el conocimiento; si los encuentras, tendrás un buen fin y tu esperanza jamás será destruida.

Proverbios 24:14

Dios quiso mostrar claramente a quienes habían de recibir la herencia que él les prometía, que estaba dispuesto a cumplir la promesa sin cambiar nada de ella. Por eso garantizó su promesa mediante el juramento. De estas dos cosas que no pueden cambiarse y en las que Dios no puede mentir, recibimos un firme consuelo los que hemos buscado la protección de Dios y hemos confiado en la esperanza que él nos ha dado. Esta esperanza mantiene firme y segura nuestra alma, igual que el ancla mantiene firme al barco. Es una esperanza que ha penetrado hasta detrás del velo en el templo celestial, donde antes entró Jesús para abrirnos camino.

Hebreos 6:17–20

Con esa esperanza hemos sido salvados. Sólo que esperar lo que ya se está viendo no es esperanza, pues, ¿quién espera lo que ya está viendo? Pero si lo que esperamos es algo que todavía no vemos, tenemos que esperarlo sufriendo con firmeza.

Romanos 8:24–25

Hermanos, sigan firmes y no se olviden de las tradiciones que les hemos enseñado personalmente y por carta. Que nuestro Señor Jesucristo mismo, y Dios nuestro Padre, que nos ha amado y nos ha dado consuelo eterno y esperanza gracias a su bondad, anime sus corazones y los mantenga a ustedes constantes en hacer y decir siempre lo bueno.

2 Tesalonicenses 2:15–17

Dios ha mostrado su bondad, al ofrecer la salvación a toda la humanidad. Esa bondad de Dios nos enseña a renunciar a la maldad y a los deseos mundanos, y a llevar en el tiempo presente una vida de buen juicio, rectitud y piedad, mientras llega el feliz cumplimiento de nuestra esperanza: el regreso glorioso de nuestro gran Dios y Salvador Jesucristo. Él se entregó a la muerte por nosotros, para rescatarnos de toda maldad y limpiarnos completamente, haciendo de nosotros el pueblo de su propiedad, empeñados en hacer el bien. Esto es lo que tienes que enseñar, animando y reprendiendo con toda autoridad. Que nadie te desprecie.

TITO 2:11–15

Por eso mismo trabajamos y luchamos, porque hemos puesto nuestra esperanza en el Dios viviente, que es el Salvador de todos, especialmente de los que creen.

1 TIMOTEO 4:10

No tengan miedo a nadie, ni se asusten, sino honren a Cristo como Señor en sus corazones. Estén siempre preparados a responder a todo el que les pida razón de la esperanza que ustedes tienen.

1 PEDRO 3:14–15

Bendito sea el Dios y Padre de nuestro Señor Jesucristo quien, por su gran misericordia, mediante la Resurrección de Jesucristo de entre los muertos, nos ha reengendrado a una esperanza viva.

1 PEDRO 1:3 (JERUSALÉN)

Humildad
n.: Estado de ser modesto o manso en
espíritu o en manera de ser.

Busquen a Yavé todos ustedes, los humildes del país, que cumplen sus mandatos, practiquen la justicia y sean humildes y así, tal vez, encontrarán refugio el día del furor de Yavé.

SOFONÍAS 2:3 (LATINOAMERICANA)

En aquella misma ocasión los discípulos se acercaron a Jesús y le preguntaron:
—¿Quién es el más importante en el reino de los cielos?
Jesús llamó entonces a un niño, lo puso en medio de ellos y dijo:
—Les aseguro que si ustedes no cambian y se vuelven como

niños, no entrarán en el reino de los cielos. El más importante en el reino de los cielos es el que se humilla y se vuelve como este niño.

MATEO 18:1-4

El que desprecia la corrección no se aprecia a sí mismo; el que atiende a la represión adquiere entendimiento. El honrar al Señor instruye en la sabiduría; para recibir honores, primero hay que ser humilde.

PROVERBIOS 15:32-33

El más grande entre ustedes debe servir a los demás. Porque el que a sí mismo se engrandece, será humillado; y el que se humilla, será engrandecido.

MATEO 23:11-12

No hagan nada por rivalidad o por orgullo, sino con humildad, y que cada uno considere a los demás como mejores que él mismo. Ninguno busque únicamente su propio bien, sino también el bien de los otros. Tengan unos con otros la manera de pensar propia de quien está unido a Cristo Jesús, el cual: Aunque existía con el mismo ser de Dios, no se aferró a su igualdad con él, sino que renunció a lo que era suyo y tomó naturaleza de siervo. Haciéndose como todos los hombres y presentándose como un hombre cualquiera, se humilló a sí mismo, haciéndose obediente hasta la muerte, hasta la muerte en la cruz.

FILIPENSES 2:3-8

El Señor reprueba las balanzas falsas y aprueba las pesas exactas. El orgullo acarrea deshonra; la sabiduría está con los humildes. A los hombres rectos los guía su rectitud; a los hombres falsos los destruye su falsedad.

PROVERBIOS 11:1-3

Tras el orgullo viene el fracaso; tras la altanería, la caída.
Más vale humillarse con los pobres que hacerse rico con los orgullosos.

PROVERBIOS 16:18-19

Ustedes los jóvenes sométanse a la autoridad de los ancianos. Todos deben someterse unos a otros con humildad, porque: «Dios se opone a los orgullosos, pero ayuda con su bondad a los humildes.» Humíllense, pues, bajo la poderosa mano de Dios, para que él los enaltezca a su debido tiempo. Dejen todas sus preocupaciones a Dios, porque él se interesa por ustedes.

1 Pedro 5:5–7

Dios nos ayuda más con su bondad, pues la Escritura dice: «Dios se opone a los orgullosos, pero trata con bondad a los humildes.» Sométanse, pues, a Dios. Resistan al diablo, y éste huirá de ustedes.

Santiago 4:6–7, 10

¡Aleluya! Canten al Señor un canto nuevo; alábenlo en la comunidad de los fieles.

Salmos 149:1, 4

Recuerda a los otros que se sometan al gobierno y a las autoridades, que sean obedientes y que siempre estén dispuestos a hacer lo bueno. Que no hablen mal de nadie, que sean pacíficos y bondadosos, y que se muestren humildes de corazón en su trato con todos.

Tito 3:1–2

Tu orgullo hará que te humillen, el que es humilde alcanzará los honores.

Proverbios 29:23 (Latinoamericana)

Instrucción
n.: Precepto, mandamiento u orden.

Señor, muéstrame tus caminos; guíame por tus senderos; guíame, encamíname en tu verdad, pues tú eres mi Dios y Salvador. ¡En ti confío a todas horas!

Salmos 25:4–5

Él consiguió en poco tiempo la perfección que se logra en muchos años.

SABIDURÍA 4:13

Hijos, atiendan a los consejos de su padre; pongan atención, para que adquieran buen juicio. Yo les he dado una buena instrucción, así que no descuiden mis enseñanzas. Pues yo también he sido hijo: mi madre me amaba con ternura y mi padre me instruía de esta manera: «Grábate en la mente mis palabras; haz lo que te ordeno, y vivirás.»

PROVERBIOS 4:1-4

La sabiduría que tienes adentro le da sentido a tu discurso: tus palabras producirán un impacto.

PROVERBIOS 16:23 (LATINOAMERICANA)

El que recibe instrucción en el mensaje del evangelio, debe compartir con su maestro toda clase de bienes.

GÁLATAS 6:6

Todo lo que antes se dijo en las Escrituras, se escribió para nuestra instrucción, para que con constancia y con el consuelo que de ellas recibimos, tengamos esperanza.

ROMANOS 15:4

Atiende al consejo y acepta la corrección; así llegarás a ser sabio.

PROVERBIOS 19:20

Atiende a mis palabras, hijo mío, hazlas tuyas y aumentarán los años de tu vida. Yo te llevaré por el camino de la sabiduría: te haré andar por el buen camino, en el que no habrá estorbos a tu paso, en el que no tropezarás aun cuando corras. Aférrate a la instrucción y no la descuides; ponla en práctica, pues es vida para ti.

PROVERBIOS 4:10-13

Delante de Dios y de Cristo Jesús, que vendrá glorioso como Rey a juzgar a los vivos y a los muertos, te encargo mucho que prediques el mensaje, y que insistas cuando sea oportuno y aun cuando no lo sea. Convence, reprende y anima, enseñando con toda paciencia. Porque va a llegar el tiempo en que la gente no soportará la sana enseñanza; más bien, según sus propios caprichos, se buscarán un montón de maestros que sólo les enseñen lo que ellos quieran oír. Darán la espalda a la verdad y harán caso a toda clase de cuentos. Pero tú conserva siempre el buen juicio, soporta los sufrimientos, dedícate a anunciar el evangelio, cumple bien con tu trabajo.

2 TIMOTEO 4:1–5

Tú, sigue firme en todo aquello que aprendiste, de lo cual estás convencido. Ya sabes quiénes te lo enseñaron. Recuerda que desde niño conoces las sagradas Escrituras, que pueden instruirte y llevarte a la salvación por medio de la fe en Cristo Jesús. Toda Escritura está inspirada por Dios y es útil para enseñar y reprender, para corregir y educar en una vida de rectitud, para que el hombre de Dios esté capacitado y completamente preparado para hacer toda clase de bien.

2 TIMOTEO 3:14–17

Jesucristo
n.: El unigénito Hijo de Dios; nuestro Salvador y Señor.

De ese tronco que es Jesé, sale un retoño; un retoño brota de sus raíces. El espíritu del Señor estará continuamente sobre él, y le dará sabiduría, inteligencia, prudencia, fuerza, conocimiento y temor del Señor. Él no juzgará por la sola apariencia, ni dará su sentencia fundándose en rumores. Juzgará con justicia a los débiles y defenderá los derechos de los pobres del país. Sus palabras serán como una vara para castigar al violento, y con el soplo de su boca hará morir al malvado.

ISAÍAS 11:1–4

Jesús se dirigió otra vez a la gente, diciendo: Yo soy la luz del mundo; el que me sigue, tendrá la luz que le da vida, y nunca andará en la oscuridad.

JUAN 8:12

Por eso, habiendo recibido a Jesucristo como su Señor, deben comportarse como quienes pertenecen a Cristo, con profundas raíces en él, firmemente basados en él por la fe, como se les enseñó, y dando siempre gracias a Dios. Tengan cuidado: no se dejen llevar por quienes los quieren engañar con teorías y argumentos falsos, pues ellos no se apoyan en Cristo, sino en las tradiciones de los hombres y en los poderes que dominan este mundo. Porque toda la plenitud de Dios se encuentra visiblemente en Cristo, y en él Dios los hace experimentar todo su poder, pues Cristo es cabeza de todos los seres espirituales que tienen poder y autoridad.

COLOSENSES 2:6–10

Jesucristo es el mismo ayer, hoy y siempre.

HEBREOS 13:8

Ya que ustedes han sido resucitados con Cristo, busquen las cosas del cielo, donde Cristo está sentado a la derecha de Dios. Piensen en las cosas del cielo, no en las de la tierra. Pues ustedes murieron, y Dios les tiene reservado el vivir con Cristo. Cristo mismo es la vida de ustedes. Cuando él aparezca, ustedes también aparecerán con él llenos de gloria.

COLOSENSES 3:1–4

María, no tengas miedo, pues tú gozas del favor de Dios. Ahora vas a quedar encinta: tendrás un hijo, y le pondrás por nombre Jesús. Será un gran hombre, al que llamarán Hijo del Dios altísimo, y Dios el Señor lo hará Rey, como a su antepasado David, para que reine por siempre sobre el pueblo de Jacob. Su reinado no tendrá fin.

LUCAS 1:30–33

Hijitos míos, les escribo estas cosas para que no cometan pecado. Aunque si alguno comete pecado, tenemos ante el Padre un defensor, que es Jesucristo, y él es justo. Jesucristo se ofreció en sacrificio para que nuestros pecados sean perdonados; y no sólo los nuestros, sino los de todo el mundo.

1 JUAN 2:1–2

No hay más que un Dios, y un solo hombre que sea el mediador entre Dios y los hombres: Cristo Jesús. Porque él se entregó a la muerte como rescate por la salvación de todos y como testimonio dado por él a su debido tiempo.

1 Timoteo 2:5–6

Cristo mismo sufrió la muerte por nuestros pecados, una vez para siempre. Él era inocente, pero sufrió por los malos, para llevarlos a ustedes a Dios. En su fragilidad humana, murió; pero resucitó con una vida espiritual.

1 Pedro 3:18

Gozo

n.: Deleite mental que surge de la consideración de una posesión actual o asegurada en cuanto a un bien futuro.

En ese día se dirá: «Éste es nuestro Dios, en él confiamos y él nos salvó. Alegrémonos, gocémonos, él nos ha salvado.»

Isaías 25:9

Le alabaré aunque no florezcan las higueras ni den fruto los viñedos y los olivares; aunque los campos no den su cosecha; aunque se acaben los rebaños de ovejas y no haya reses en los establos.

Habacuc 3:17–18

Los que el Señor ha redimido; entrarán en Sión con cantos de alegría, y siempre vivirán alegres. Hallarán felicidad y dicha, y desaparecerán el llanto y el dolor.

Isaías 35:10

Así también regresarán los rescatados por el Señor, y entrarán en Sión dando gritos de alegría; sus rostros estarán siempre alegres; encontrarán felicidad y dicha, y el dolor y el llanto desaparecerán.

Isaías 51:11

Ustedes saldrán de allí con alegría, volverán a su país con paz. Al verlos, los montes y las colinas estallarán en cantos de alegría y todos los árboles del campo aplaudirán. En vez de zarzas crecerán pinos, en vez de ortigas crecerán arrayanes; esto hará glorioso el nombre del Señor; será una señal eterna, indestructible.

ISAÍAS 55:12–13

Los que siembran con lágrimas, cosecharán con gritos de alegría. Aunque lloren mientras llevan el saco de semilla, volverán cantando de alegría, con manojos de trigo entre los brazos.

SALMOS 126:5–6

Yo veía siempre al Señor delante de mí; con él a mi derecha, nada me hará caer. Por eso se alegra mi corazón, y mi lengua canta llena de gozo. Todo mi ser vivirá confiadamente, porque no me dejarás en el sepulcro ni permitirás que se descomponga el cuerpo de tu santo siervo. Me mostraste el camino de la vida, y me llenarás de alegría con tu presencia.

HECHOS 2:25–28

Ustedes aman a Jesucristo, aunque no lo han visto; y ahora, creyendo en él sin haberlo visto, se alegran con una alegría tan grande y gloriosa que no pueden expresarla con palabras.

1 PEDRO 1:8

Dios, que da esperanza, los llene de alegría y paz a ustedes que tienen fe en él, y les dé abundante esperanza por el poder del Espíritu Santo.

ROMANOS 15:13

Dichosos ustedes los que ahora tienen hambre, pues quedarán satisfechos. Dichosos ustedes los que ahora lloran, pues después reirán. Dichosos ustedes cuando la gente los odie, cuando los expulsen, cuando los insulten y cuando desprecien su nombre como cosa mala, por causa del Hijo del hombre. Alégrense mucho, llénense de gozo en ese día, porque ustedes recibirán un gran premio en el cielo; pues también así maltrataron los antepasados de esa gente a los profetas.

LUCAS 6:21–23

Ustedes se afligen ahora; pero yo volveré a verlos, y entonces su corazón se llenará de alegría, una alegría que nadie les podrá quitar.

JUAN 16:22

Compasión

n.: Sentimiento de conmiseración hacia otros, que se manifiesta a través de favores, beneficios o misericordia.

«Por un corto instante te abandoné, pero con bondad inmensa te volveré a unir conmigo. En un arranque de enojo, por un momento, me oculté de ti, pero con amor eterno te tuve compasión.» Lo dice el Señor, tu redentor.

ISAÍAS 54:7–8

El Señor dice: «Que no se enorgullezca el sabio de ser sabio, ni el poderoso de su poder, ni el rico de su riqueza. Si alguien se quiere enorgullecer, que se enorgullezca de conocerme, de saber que yo soy el Señor, que actúo en la tierra con amor, justicia y rectitud, pues eso es lo que a mí me agrada. Yo, el Señor, lo afirmo.»

JEREMÍAS 9:23–24

Dios los ama a ustedes y los ha escogido para que pertenezcan al pueblo santo. Revístanse de sentimientos de compasión, bondad, humildad, mansedumbre y paciencia. Sopórtense unos a otros, y perdónense si alguno tiene una queja contra otro. Así como el Señor los perdonó, perdonen también ustedes.

COLOSENSES 3:12–13

Alejen de ustedes la amargura, las pasiones, los enojos, los gritos, los insultos y toda clase de maldad. Sean buenos y

compasivos unos con otros, y perdónense mutuamente, como
Dios los perdonó a ustedes en Cristo.

Efesios 4:31–32

Y por esto deben esforzarse en añadir a su fe la buena conducta; a la buena conducta, el entendimiento; al entendimiento, el
dominio propio; al dominio propio, la paciencia; a la paciencia,
la devoción; a la devoción, el afecto fraternal; y al afecto fraternal, el amor. Si ustedes poseen estas cosas y las desarrollan, ni
su vida será inútil ni habrán conocido en vano a nuestro Señor
Jesucristo.

2 Pedro 1:5–8

No abandones nunca el amor y la verdad; llévalos contigo como
un collar. Grábatelos en la mente, y tendrás el favor y el aprecio
de Dios y de los hombres.

Proverbios 3:3–4

Yo quiero hablar del amor del Señor, cantar sus alabanzas por
todo lo que él ha hecho por nosotros, por su inmensa bondad
con la familia de Israel, por lo que ha hecho en su bondad y en
su gran amor.

Isaías 63:7

Si Dios no perdonó a las ramas naturales, tampoco a ti te perdonará. Mira, pues, qué bueno es Dios, aunque también qué
estricto. Ha sido estricto con los que cayeron, y ha sido bueno
contigo. Pero tienes que vivir siempre de acuerdo con su bondad; pues de lo contrario también tú serás cortado. Por otra parte, si los judíos abandonan su incredulidad, serán injertados de
nuevo; pues Dios tiene poder para volver a injertarlos. Porque
si tú, que por naturaleza eras un olivo silvestre, fuiste cortado
e injertado contra lo natural en el olivo bueno, ¡cuánto más los
judíos, que son ramas naturales del olivo bueno, serán injertados
nuevamente en su propio olivo!

Romanos 11:21–24

No tienes disculpa, tú que juzgas a otros, no importa quién seas. Al juzgar a otros te condenas a ti mismo, pues haces precisamente lo mismo que hacen ellos. Pero sabemos que Dios juzga conforme a la verdad cuando condena a los que así se portan. En cuanto a ti, que juzgas a otros y haces lo mismo que ellos, no creas que vas a escapar de la condenación de Dios. Tú desprecias la inagotable bondad, tolerancia y paciencia de Dios, sin darte cuenta de que es precisamente su bondad la que te está llevando a convertirte a él.

Romanos 2:1-4

Conocimiento

n.: Acto de entender y de tener una
clara percepción de la verdad.

Reciban abundancia de gracia y de paz mediante el conocimiento que tienen de Dios y de Jesús, nuestro Señor. Dios, por su poder, nos ha concedido todo lo que necesitamos para la vida y la devoción, al hacernos conocer a aquel que nos llamó por su propia grandeza y sus obras maravillosas. Por medio de estas cosas nos ha dado sus promesas, que son muy grandes y de mucho valor, para que por ellas lleguen ustedes a tener parte en la naturaleza de Dios y escapen de la corrupción que los malos deseos han traído al mundo.

2 Pedro 1:2-4

Conozcan mejor a nuestro Señor y Salvador Jesucristo y crezcan en su amor. ¡Gloria a él ahora y para siempre! Amén.

2 Pedro 3:18

Tener buen juicio es tener una fuente de vida; instruir a los necios es también necedad. El que piensa sabiamente, se sabe expresar, y sus palabras convencen mejor.

Proverbios 16:22-23

La sabiduría comienza por honrar al Señor; los necios desprecian la sabiduría y la instrucción.

PROVERBIOS 1:7

Por esto deben esforzarse en añadir a su fe la buena conducta; a la buena conducta, el entendimiento; al entendimiento, el dominio propio; al dominio propio, la paciencia; a la paciencia, la devoción; a la devoción, el afecto fraternal; y al afecto fraternal, el amor. Si ustedes poseen estas cosas y las desarrollan, ni su vida será inútil ni habrán conocido en vano a nuestro Señor Jesucristo.

2 PEDRO 1:5–8

Presta toda tu atención a los dichos de los sabios; concéntrate en lo que te enseño. Te agradará guardarlos en tu memoria y poder repetirlos todos juntos.

PROVERBIOS 22:17–18

Por esto nosotros, desde el día que lo supimos, no hemos dejado de orar por ustedes y de pedir a Dios que los haga conocer plenamente su voluntad y les dé toda clase de sabiduría y entendimiento espiritual. Así podrán portarse como deben hacerlo los que son del Señor, haciendo siempre lo que a él le agrada, dando frutos de toda clase de buenas obras y creciendo en el conocimiento de Dios.

COLOSENSES 1:9–10

Gracias a Dios que siempre nos lleva en el desfile victorioso de Cristo y que por medio de nosotros da a conocer su mensaje, el cual se esparce por todas partes como un aroma agradable. Porque nosotros somos como el olor del incienso que Cristo ofrece a Dios, y que se esparce tanto entre los que se salvan como entre los que se pierden.

2 CORINTIOS 2:14–15

Pido en mi oración que su amor siga creciendo más y más todavía, y que Dios les dé sabiduría y entendimiento, para que sepan escoger siempre lo mejor. Así podrán vivir una vida limpia, y avanzar sin tropiezos hasta el día en que Cristo vuelva; pues ustedes presentarán una abundante cosecha de buenas acciones gracias a Jesucristo, para honra y gloria de Dios.

FILIPENSES 1:9–11

Porque el mismo Dios que mandó que la luz brotara de la oscuridad, es el que ha hecho brotar su luz en nuestro corazón, para que podamos iluminar a otros, dándoles a conocer la gloria de Dios que brilla en la cara de Jesucristo. Pero esta riqueza la tenemos en nuestro cuerpo, que es como una olla de barro, para mostrar que ese poder tan grande viene de Dios y no de nosotros.

2 CORINTIOS 4:6–7

Los imprudentes son herederos de la necedad; los prudentes se rodean de conocimientos.

PROVERBIOS 14:18

Vale más quien habla con sabiduría, que todo el oro y las joyas del mundo.

PROVERBIOS 20:15

El Señor es quien da la sabiduría; la ciencia y el conocimiento brotan de sus labios.

PROVERBIOS 2: 6

Vida

n.: Estado de ser un ente vital o funcional; secuencia de experiencias físicas, mentales o espirituales que conforman la existencia de un individuo.

Pues Dios ha mostrado su bondad, al ofrecer la salvación a toda la humanidad. Esa bondad de Dios nos enseña a renunciar a la maldad y a los deseos mundanos, y a llevar en el tiempo presente una vida de buen juicio, rectitud y piedad, mientras llega el feliz cumplimiento de nuestra esperanza: el regreso glorioso de nuestro gran Dios y Salvador Jesucristo. Él se entregó a la muerte por nosotros, para rescatarnos de toda maldad y limpiarnos completamente, haciendo de nosotros el pueblo de su propiedad, empeñados en hacer el bien.

TITO 2:11–14

El hombre honrado será puesto a salvo, pero el perverso caerá en la desgracia.

PROVERBIOS 28:18

En este día pongo al cielo y a la tierra por testigos contra ustedes, de que les he dado a elegir entre la vida y la muerte, y entre la bendición y la maldición. Escojan, pues, la vida, para que vivan ustedes y sus descendientes; amen al Señor su Dios, obedézcanlo y séanle fieles, porque de ello depende la vida de ustedes y el que vivan muchos años.

DEUTERONOMIO 30:19–20

Voy a hablar con sinceridad y a decir francamente lo que pienso. Dios, el Todopoderoso, me hizo, e infundió en mí su aliento. Respóndeme, si puedes; prepárate a hacerme frente.

JOB 33:3–5

Vengan, hijos míos, y escúchenme: voy a enseñarles a honrar al Señor. ¿Quieres vivir mucho tiempo? ¿Quieres gozar de la vida? Pues refrena tu lengua de hablar mal, y nunca digan mentiras tus labios. Aléjate de la maldad, y haz lo bueno; busca la paz, y síguela.

SALMOS 34:11–14

Ya que ustedes han sido resucitados con Cristo, busquen las cosas del cielo, donde Cristo está sentado a la derecha de Dios. Piensen en las cosas del cielo, no en las de la tierra. Pues ustedes murieron, y Dios les tiene reservado el vivir con Cristo. Cristo mismo es la vida de ustedes. Cuando él aparezca, ustedes también aparecerán con él llenos de gloria.

COLOSENSES 3:1–4

El pan que Dios da es el que ha bajado del cielo y da vida al mundo.

Ellos le pidieron:

—Señor, danos siempre ese pan.

Y Jesús les dijo:

—Yo soy el pan que da vida. El que viene a mí, nunca tendrá hambre; y el que cree en mí, nunca tendrá sed.

JUAN 6:33–35

El pan que Dios da es Aquel que baja del cielo y que da vida al mundo.» Ellos dijeron: «Señor, danos siempre de ese pan.» Jesús les dijo: «Yo soy el pan de vida. El que viene a mí nunca tendrá hambre y el que cree en mí nunca tendrá sed.»

JUAN 6:33–35 (LATINOAMERICANA)

El espíritu es el que da vida; lo carnal no sirve para nada. Y las cosas que yo les he dicho son espíritu y vida.

JUAN 6:63

El ladrón viene solamente para robar, matar y destruir; pero yo he venido para que tengan vida, y para que la tengan en abundancia. Yo soy el buen pastor. El buen pastor da su vida por las ovejas.

JUAN 10:10–11

Si Cristo vive en ustedes, el espíritu vive porque Dios los ha hecho justos, aun cuando el cuerpo esté destinado a la muerte por causa del pecado. Y si el Espíritu de aquel que resucitó a Jesús vive en ustedes, el mismo que resucitó a Cristo dará nueva vida a sus cuerpos mortales por medio del Espíritu de Dios que vive en ustedes.

ROMANOS 8:10–11

El que trate de salvar su vida, la perderá, pero el que pierda su vida por causa mía, la salvará.

MATEO 10:39

Soledad

n.: Tristeza resultante de estar solo, sin compañía.

Los buenos se alegran; ante Dios se llenan de gozo, ¡saltan de alegría! Canten ustedes a Dios, canten himnos a su nombre; alaben al que cabalga sobre las nubes. ¡Alégrense en el Señor! ¡Alégrense en su presencia! Dios, que habita en su santo templo, es padre de los huérfanos y defensor de las viudas; Dios da a los solitarios un hogar donde vivir, libera a los prisioneros y les da prosperidad; pero los rebeldes vivirán en tierra estéril.

SALMOS 68:3–6

No amen el dinero; conténtense con lo que tienen, porque Dios ha dicho: «Nunca te dejaré ni te abandonaré.» Así que podemos decir con confianza: «El Señor es mi ayuda; no temeré. ¿Qué me puede hacer el hombre?»

HEBREOS 13:5–6

Así como en un solo cuerpo tenemos muchos miembros, y no todos los miembros sirven para lo mismo, así también nosotros, aunque somos muchos, formamos un solo cuerpo en Cristo y estamos unidos unos a otros como miembros de un mismo cuerpo.

ROMANOS 12:4–5

¿Quién nos podrá separar del amor de Cristo? ¿El sufrimiento, o las dificultades, o la persecución, o el hambre, o la falta de ropa, o el peligro, o la muerte violenta? Como dice la Escritura: «Por causa tuya estamos siempre expuestos a la muerte; nos tratan como a ovejas llevadas al matadero.» Pero en todo esto salimos más que vencedores por medio de aquel que nos amó. Estoy convencido de que nada podrá separarnos del amor de Dios: ni la muerte, ni la vida, ni los ángeles, ni los poderes y fuerzas espirituales, ni lo presente, ni lo futuro, ni lo más alto, ni lo más profundo, ni ninguna otra de las cosas creadas por Dios. ¡Nada podrá separarnos del amor que Dios nos ha mostrado en Cristo Jesús nuestro Señor!

ROMANOS 8:35–39

Sin embargo, siempre he estado contigo. Me has tomado de la mano derecha, me has dirigido con tus consejos y al final me recibirás con honores. ¿A quién tengo en el cielo? ¡Sólo a ti! Estando contigo nada quiero en la tierra. Todo mi ser se consume, pero Dios es mi herencia eterna y el que sostiene mi corazón.

SALMOS 73:23–26

Yo le pediré al Padre que les mande otro Defensor, el Espíritu de la verdad, para que esté siempre con ustedes. Los que son del mundo no lo pueden recibir, porque no lo ven ni lo conocen; pero ustedes lo conocen, porque él permanece con ustedes y estará en ustedes. No los voy a dejar huérfanos; volveré para estar con ustedes. Dentro de poco, los que son del mundo ya no me verán; pero ustedes me verán, y vivirán porque yo vivo. En aquel día, ustedes se darán cuenta de que yo estoy en mi Padre, y ustedes están en mí, y yo en ustedes.

JUAN 14:16–20

Por mi parte, yo estaré con ustedes todos los días, hasta el fin del mundo.

MATEO 28:20

Oí una fuerte voz que venía del trono, y que decía: «Aquí está el lugar donde Dios vive con los hombres. Vivirá con ellos, y ellos serán sus pueblos, y Dios mismo estará con ellos como su Dios. Secará todas las lágrimas de ellos, y ya no habrá muerte, ni llanto, ni lamento, ni dolor; porque todo lo que antes existía ha dejado de existir.»

APOCALIPSIS 21:3–4

Nosotros somos templo del Dios viviente, como él mismo dijo: «Viviré y andaré entre ellos; yo seré su Dios y ellos serán mi pueblo.»

2 CORINTIOS 6:16

Amor

n.: Fuerte afecto hacia otro; apego o devoción vehemente.

¿Quién nos separará del amor de Cristo? ¿Acaso las pruebas, la
aflicción, la persecución, el hambre, la falta de todo, los peligros
o la espada? Como dice la Escritura: Por tu causa nos arrastran
continuamente a la muerte, nos tratan como ovejas destinadas
al matadero. Pero no; en todo eso saldremos triunfadores gracias
a Aquel que nos amó. Yo sé que ni la muerte ni la vida, ni los
ángeles ni las fuerzas del universo, ni el presente ni el futuro,
ni las fuerzas espirituales, ya sean del cielo o de los abismos, ni
ninguna otra criatura podrán apartarnos del amor de Dios, ma-
nifestado en Cristo Jesús, nuestro Señor.

ROMANOS 8:35–39 (LATINOAMERICANA)

Dios los ama a ustedes y los ha escogido para que pertenezcan
al pueblo santo. Revístanse de sentimientos de compasión,
bondad, humildad, mansedumbre y paciencia. Sopórtense unos
a otros, y perdónense si alguno tiene una queja contra otro. Así
como el Señor los perdonó, perdonen también ustedes. Sobre
todo revístanse de amor, que es el lazo de la perfecta unión.

COLOSENSES 3:12–14

Si hablo las lenguas de los hombres y aun de los ángeles, pero
no tengo amor, no soy más que un metal que resuena o un pla-
tillo que hace ruido. Y si tengo el don de profecía, y entiendo
todos los designios secretos de Dios, y sé todas las cosas, y si
tengo la fe necesaria para mover montañas, pero no tengo amor,
no soy nada. Y si reparto entre los pobres todo lo que poseo, y
aun si entrego mi propio cuerpo para tener de qué enorgullecer-
me, pero no tengo amor, de nada me sirve.

1 CORINTIOS 13:1–3

Tener amor es saber soportar; es ser bondadoso; es no tener envidia, ni ser presumido, ni orgulloso, ni grosero, ni egoísta; es no
enojarse ni guardar rencor; es no alegrarse de las injusticias, sino
de la verdad. Tener amor es sufrirlo todo, creerlo todo, esperarlo

todo, soportarlo todo. El amor jamás dejará de existir. Un día el don de profecía terminará, y ya no se hablará en lenguas, ni serán necesarios los conocimientos.

1 Corintios 14.4–8

Por esta razón me pongo de rodillas delante del Padre, de quien recibe su nombre toda familia, tanto en el cielo como en la tierra. Pido al Padre que de su gloriosa riqueza les dé a ustedes, interiormente, poder y fuerza por medio del Espíritu de Dios, que Cristo viva en sus corazones por la fe, y que el amor sea la raíz y el fundamento de sus vidas. Y que así puedan comprender con todo el pueblo santo cuán ancho, largo, alto y profundo es el amor de Cristo. Pido, pues, que conozcan ese amor, que es mucho más grande que todo cuanto podemos conocer, para que lleguen a colmarse de la plenitud total de Dios.

Efesios 3:14–19

Ustedes, como hijos amados de Dios, procuren imitarlo. Traten a todos con amor, de la misma manera que Cristo nos amó y se entregó por nosotros, como ofrenda y sacrificio de olor agradable a Dios.

Efesios 5:1–2

Les doy este mandamiento nuevo: Que se amen los unos a los otros. Así como yo los amo a ustedes, así deben amarse ustedes los unos a los otros. Si se aman los unos a los otros, todo el mundo se dará cuenta de que son discípulos míos.

Juan 13:34–35

El que recibe mis mandamientos y los obedece, demuestra que de veras me ama. Y mi Padre amará al que me ama, y yo también lo amaré y me mostraré a él.

Juan 14:21

Matrimonio

n.: Condición de estar ligado a otra persona en una relación consensual y contractual reconocida por la ley.

Por el peligro de la prostitución, cada uno debe tener su propia esposa, y cada mujer su propio esposo. Y tanto el esposo como la esposa deben cumplir con los deberes propios del matrimonio. Ni la esposa es dueña de su propio cuerpo, puesto que pertenece a su esposo, ni el esposo es dueño de su propio cuerpo, puesto que pertenece a su esposa. Por lo tanto, no se nieguen el uno al otro, a no ser que se pongan de acuerdo en no juntarse por algún tiempo para dedicarse a la oración. Después deberán volver a juntarse; no sea que, por no poder dominarse, Satanás los haga pecar.

1 Corintios 7:2–5

No obstante, por razón de la impureza, tenga cada hombre su mujer, y cada mujer su marido. Que el marido dé a su mujer lo que debe y la mujer de igual modo a su marido. No dispone la mujer de su cuerpo, sino el marido. Igualmente, el marido no dispone de su cuerpo, sino la mujer. No os neguéis el uno al otro sino de mutuo acuerdo, por cierto tiempo, para daros a la oración; luego, volved a estar juntos, para que Satanás no os tiente por vuestra incontinencia.

1 Corintios 7:2–5 (Jerusalén)

Estén sujetos los unos a los otros, por reverencia a Cristo. Las esposas deben estar sujetas a sus esposos como al Señor. Porque el esposo es cabeza de la esposa, como Cristo es cabeza de la iglesia, la cual es su cuerpo; y él es también su Salvador. Pero así como la iglesia está sujeta a Cristo, también las esposas deben estar en todo sujetas a sus esposos.

Efesios 5:21–24

De la misma manera deben los esposos amar a sus esposas como a su propio cuerpo. El que ama a su esposa, se ama a sí mismo. Porque nadie odia su propio cuerpo, sino que lo alimenta y lo cuida, como Cristo hace con la iglesia, porque ella es su cuerpo. Y nosotros somos miembros de ese cuerpo. «Por eso, el hombre dejará a su padre y a su madre para unirse a su esposa, y los dos serán como una sola persona.

EFESIOS 5:28–31

Si la mujer de algún hermano no es creyente pero está de acuerdo en seguir viviendo con él, el hermano no debe divorciarse de ella. Y si una mujer creyente está casada con un hombre no creyente que está de acuerdo en seguir viviendo con ella, no deberá divorciarse de él. Pues el esposo no creyente queda santificado por su unión con una mujer creyente; y la mujer no creyente queda santificada por su unión con un esposo creyente. De otra manera, los hijos de ustedes serían impuros; pero, de hecho, pertenecen al pueblo santo. Ahora bien, si el esposo o la esposa no creyentes insisten en separarse, que lo hagan. En estos casos, el hermano o la hermana quedan en libertad, porque Dios los ha llamado a ustedes a vivir en paz. Como quiera que sea, cada uno debe vivir según los dones que el Señor le ha dado, y tal como era cuando Dios lo llamó. Ésta es la norma que doy a todas las iglesias.

1 CORINTIOS 7:12–15, 17

Que todos respeten el matrimonio y mantengan la pureza de sus relaciones matrimoniales; porque Dios juzgará a los que cometen inmoralidades sexuales y a los que cometen adulterio.

HEBREOS 13:4

El que está soltero se preocupa por las cosas del Señor, y por agradarle; pero el que está casado se preocupa por las cosas del mundo y por agradar a su esposa, y así está dividido. Igualmente, la mujer que ya no tiene esposo y la joven soltera se preocupan por las cosas del Señor, por ser santas tanto en el cuerpo como en el espíritu; pero la casada se preocupa por las cosas del mundo y por agradar a su esposo. Les digo esto, no para ponerles restricciones, sino en bien de ustedes y para que vivan de una manera digna, sirviendo al Señor sin distracciones.

1 CORINTIOS 7:32–35

Meditación

n.: Acto o proceso de contemplación o reflexión seria.

Te pido es que tengas mucho valor y firmeza, y que cumplas toda la ley que mi siervo Moisés te dio. Cúmplela al pie de la letra para que te vaya bien en todo lo que hagas. Repite siempre lo que dice el libro de la ley de Dios, y medita en él de día y de noche, para que hagas siempre lo que éste ordena. Así todo lo que hagas te saldrá bien.

JOSUÉ 1:7–8

Me acuerdo de tiempos anteriores, y pienso en todo lo que has hecho. Hacia ti tiendo las manos, sediento de ti, cual tierra seca. Señor, ¡respóndeme pronto, pues ya se me acaba el aliento! No me niegues tu ayuda, porque entonces seré como los muertos. Por la mañana hazme saber de tu amor, porque en ti he puesto mi confianza. Hazme saber cuál debe ser mi conducta, porque a ti dirijo mis anhelos.

SALMOS 143:5–8

Amo y anhelo tus mandamientos, y pienso mucho en tus leyes. Recuerda la palabra que diste a este siervo tuyo: en ella me hiciste poner la esperanza. Éste es mi consuelo en la tristeza: que con tus promesas me das vida.

SALMOS 119:48–50

Feliz el hombre que no sigue el consejo de los malvados, ni va por el camino de los pecadores, ni hace causa común con los que se burlan de Dios, sino que pone su amor en la ley del Señor y en ella medita noche y día. Ese hombre es como un árbol plantado a la orilla de un río, que da su fruto a su tiempo y jamás se marchitan sus hojas. ¡Todo lo que hace, le sale bien!

SALMOS 1:1–3

¡Cuánto amo tu enseñanza! ¡Todo el día medito en ella! Tus mandamientos son míos para siempre; me han hecho más sabio que mis enemigos. Entiendo más que todos mis maestros porque pienso mucho en tus mandatos. Entiendo más que los ancianos porque obedezco tus preceptos. He alejado mis pies de todo mal camino para cumplir tu palabra. No me he apartado de tus decretos porque tú eres quien me enseña. Tu promesa es más dulce a mi paladar que la miel a mi boca.

SALMOS 119:97–103

Quítale el orgullo a tu siervo; no permitas que el orgullo me domine. Así seré un hombre sin tacha; estaré libre de gran pecado. Sean aceptables a tus ojos mis palabras y mis pensamientos, oh Señor, refugio y libertador mío.

SALMOS 19:13–14

¡Bendito tú, Señor! ¡Enséñame tus leyes! Con mis labios contaré todos los decretos que pronuncies. Me alegraré en el camino de tus mandatos, más que en todas las riquezas. Meditaré en tus preceptos y pondré mi atención en tus caminos. Me alegraré con tus leyes y no me olvidaré de tu palabra.

SALMOS 119:12–16

Oh Dios, en medio de tu templo pensamos en tu gran amor. Oh Dios, por toda la tierra eres alabado como corresponde a tu nombre. Con tu poder haces plena justicia.

SALMOS 48:9–10

Por las noches, ya acostado, te recuerdo y pienso en ti; pues tú eres quien me ayuda. ¡Soy feliz bajo tus alas!

SALMOS 63:6–7

Misericordia
n.: Trato indulgente o compasivo mostrado
especialmente hacia un ofensor.

Dios nuestro Salvador mostró su bondad y su amor por la humanidad, y, sin que nosotros hubiéramos hecho nada bueno, por pura misericordia nos salvó lavándonos y regenerándonos, y dándonos nueva vida por el Espíritu Santo. Pues por medio de Jesucristo nuestro Salvador nos dio en abundancia el Espíritu Santo, para que, después de hacernos justos por su bondad, tengamos la esperanza de recibir en herencia la vida eterna.

Tito 3:4–7

El Señor vigila a justos y a malvados, y odia con toda su alma a los que aman la violencia. El Señor hará llover sobre los malos brasas, fuego y azufre, y traerá un viento que todo lo quemará. ¡El Señor les dará su merecido! El Señor es justo y ama lo que es justo.

Salmos 11:5–7

En tiempos pasados, ustedes desobedecieron a Dios, pero ahora que los judíos han desobedecido, Dios tiene compasión de ustedes. De la misma manera, ellos han desobedecido ahora, pero solamente para que Dios tenga compasión de ustedes y para que, también ahora, tenga compasión de ellos. Porque Dios sujetó a todos por igual a la desobediencia, con el fin de tener compasión de todos por igual.

Romanos 11:30–32

«Por un corto instante te abandoné, pero con bondad inmensa te volveré a unir conmigo. Aunque las montañas cambien de lugar y los cerros se vengan abajo, mi amor por ti no cambiará ni se vendrá abajo mi alianza de paz.» Lo dice el Señor, que se compadece de ti.

Isaías 54:7, 10

Si alguien se quiere enorgullecer, que se enorgullezca de conocerme, de saber que yo soy el Señor, que actúo en la tierra con amor, justicia y rectitud, pues eso es lo que a mí me agrada. Yo, el Señor, lo afirmo.

Jeremías 9:24

El Señor es tierno y compasivo; da alimentos a los que lo honran; ¡se acuerda siempre de su alianza!

Salmos 111:4–5

Mira, Señor, desde el cielo, desde el lugar santo y glorioso en que vives. ¿Dónde están tu ardiente amor y tu fuerza? ¿Dónde están tus sentimientos? ¿Se agotó tu misericordia con nosotros? ¡Tú eres nuestro padre!

ISAÍAS 63:15–16

El Señor ya te ha dicho, oh hombre, en qué consiste lo bueno y qué es lo que él espera de ti: que hagas justicia, que seas fiel y leal y que obedezcas humildemente a tu Dios.

MIQUEAS 6:8

Dios es tan misericordioso y nos amó con un amor tan grande, que nos dio vida juntamente con Cristo cuando todavía estábamos muertos a causa de nuestros pecados. Por la bondad de Dios han recibido ustedes la salvación. Y en unión con Cristo Jesús nos resucitó, y nos hizo sentar con él en el cielo.

EFESIOS 2:4–6

Ustedes deben hablar y portarse como quienes van a ser juzgados por la ley que nos trae libertad. Pues los que no han tenido compasión de otros, sin compasión serán también juzgados, pero los que han tenido compasión saldrán victoriosos en la hora del juicio.

SANTIAGO 2:12–13

Ustedes, queridos hermanos, manténganse firmes en su santísima fe. Oren guiados por el Espíritu Santo. Consérvense en el amor de Dios y esperen el día en que nuestro Señor Jesucristo, en su misericordia, nos dará la vida eterna.

JUDAS 1:20–21

Dios nos llamó, a unos de entre los judíos y a otros de entre los no judíos. Como se dice en el libro de Oseas: «A los que no eran mi pueblo, los llamaré mi pueblo; a la que no era amada, la llamaré mi amada.»

ROMANOS 9:24–25

Milagros

n.: Acontecimientos extraordinarios en los cuales se
cree para manifestar la obra sobrenatural de Dios.

¡Den gracias al Señor! ¡Proclamen su nombre! Cuenten a los
pueblos sus acciones. Canten himnos en su honor. ¡Hablen de
sus grandes hechos! Siéntanse orgullosos de su santo nombre.
¡Siéntase alegre el corazón de los que buscan al Señor! Recurran
al Señor, y a su poder; recurran al Señor en todo tiempo. Recuerden sus obras grandes y maravillosas, y los decretos que ha
pronunciado.

1 Crónicas 16:8–12

Si Dios me consagró a mí y me envió al mundo, ¿cómo pueden
ustedes decir que lo he ofendido porque dije que soy Hijo de
Dios? Si yo no hago las obras que hace mi Padre, no me crean.
Pero si las hago, aunque no me crean a mí, crean en las obras
que hago, para que sepan de una vez por todas que el Padre está
en mí y que yo estoy en el Padre.

Juan 10:36–38

Ocho días después, los discípulos se habían reunido de nuevo
en una casa, y esta vez Tomás estaba también. Tenían las puertas
cerradas, pero Jesús entró, se puso en medio de ellos y los salu-
dó, diciendo:
—¡Paz a ustedes!
Luego dijo a Tomás:
—Mete aquí tu dedo, y mira mis manos; y trae tu mano y méte-
la en mi costado. No seas incrédulo; ¡cree!
Tomás entonces exclamó:
—¡Mi Señor y mi Dios!
Jesús le dijo:
—¿Crees porque me has visto? ¡Dichosos los que creen sin ha-
ber visto!
Jesús hizo muchas otras señales milagrosas delante de sus discí-
pulos, las cuales no están escritas en este libro. Pero éstas se han

escrito para que ustedes crean que Jesús es el Mesías, el Hijo de Dios, y para que creyendo tengan vida por medio de él.

JUAN 20:26-31

El Señor es grande y muy digno de alabanza; su grandeza excede nuestro entendimiento. De padres a hijos se alabarán tus obras, se anunciarán tus hechos poderosos. Se hablará de tu majestad gloriosa, y yo hablaré de tus maravillas. Se hablará de tus hechos poderosos y terribles, y yo hablaré de tu grandeza.

SALMOS 145:3-6

Dios hizo maravillas delante de sus padres. Partió en dos el mar, y los hizo pasar por él, deteniendo el agua como un muro. De día los guió con una nube, y de noche con luz de fuego. En el desierto partió en dos las peñas, y les dio a beber agua en abundancia. ¡Dios hizo brotar de la peña un torrente de aguas caudalosas!

SALMOS 78:11-16

En tu lugar, yo me volvería hacia Dios y pondría mi causa en sus manos; ¡él hace tantas y tan grandes maravillas, cosas que nadie es capaz de comprender!

JOB 5:8-9

Hay diferentes manifestaciones de poder, pero es un mismo Dios, que, con su poder, lo hace todo en todos. Dios da a cada uno alguna prueba de la presencia del Espíritu, para provecho de todos. Por medio del Espíritu, a unos les concede que hablen con sabiduría; y a otros, por el mismo Espíritu, les concede que hablen con profundo conocimiento. Unos reciben fe por medio del mismo Espíritu, y otros reciben el don de curar enfermos. Unos reciben poder para hacer milagros, y otros tienen el don de profecía. A unos, Dios les da la capacidad de distinguir entre los espíritus falsos y el Espíritu verdadero, y a otros la capacidad de hablar en lenguas; y todavía a otros les da la capacidad de interpretar lo que se ha dicho en esas lenguas. Pero todas estas

cosas las hace con su poder el único y mismo Espíritu, dando a
cada persona lo que a él mejor le parece.

1 Corintios 12:6–11

Obediencia

n.: Estado o proceso de llevar a cabo fielmente
las instrucciones y sentencias de otro.

Mientras Cristo estuvo viviendo aquí en el mundo, con voz
fuerte y muchas lágrimas oró y suplicó a Dios, que tenía poder
para librarlo de la muerte; y por su obediencia, Dios lo escuchó.
Así que Cristo, a pesar de ser Hijo, sufriendo aprendió lo que
es la obediencia; y al perfeccionarse de esa manera, llegó a ser
fuente de salvación eterna para todos los que lo obedecen.

Hebreos 5:7–9

Tú no te complaces en los sacrificios ni en las ofrendas de cerea-
les; tampoco has pedido holocaustos ni ofrendas para quitar el
pecado. En cambio, me has abierto los oídos. Por eso he dicho:
Aquí estoy, tal como el libro dice de mí. A mí me agrada hacer
tu voluntad, Dios mío; ¡llevo tu enseñanza en el corazón!

Salmos 40:6–8

Todas estas bendiciones vendrán sobre ti y te alcanzarán por
haber obedecido al Señor tu Dios. Serás bendito en la ciudad y
en el campo. Serán benditos tus hijos y tus cosechas, y las crías
de tus vacas, de tus ovejas y de todos tus animales. Serán benditos tu cesta y el lugar donde amasas la harina, y tú serás bendito
en todo lo que hagas.

Deuteronomio 28:2–6

Les habla para corregirlos y pedirles que dejen su maldad. Si le
hacen caso y se someten, gozan de dicha y felicidad por el resto
de sus días. Pero si no hacen caso, mueren y bajan al sepulcro
antes de que puedan darse cuenta.

Job 36:10–12

Más le agrada al Señor que se le obedezca, y no que se le ofrezcan sacrificios y holocaustos; vale más obedecerlo y prestarle atención que ofrecerle sacrificios y grasa de carneros.

1 Samuel 15:22

Si obedecen mis mandamientos, permanecerán en mi amor, así como yo obedezco los mandamientos de mi Padre y permanezco en su amor. Les hablo así para que se alegren conmigo y su alegría sea completa.

Juan 15:10–11

Si obedecemos los mandamientos de Dios, podemos estar seguros de que hemos llegado a conocerlo. Pero si alguno dice: «Yo lo conozco», y no obedece sus mandamientos, es un mentiroso y no hay verdad en él. En cambio, si uno obedece su palabra, en él se ha perfeccionado verdaderamente el amor de Dios, y de ese modo sabemos que estamos unidos a él.

1 Juan 2:3–5

Por la desobediencia de un solo hombre, muchos fueron hechos pecadores; pero, de la misma manera, por la obediencia de un solo hombre, muchos serán hechos justos.

Romanos 5:19

Sí que Cristo, a pesar de ser Hijo, sufriendo aprendió lo que es la obediencia; y al perfeccionarse de esa manera, llegó a ser fuente de salvación eterna para todos los que lo obedecen.

Hebreos 5:8–9

Ustedes saben muy bien que si se entregan como esclavos a un amo para obedecerlo, entonces son esclavos de ese amo a quien obedecen. Y esto es así, tanto si obedecen al pecado, lo cual lleva a la muerte, como si obedecen a Dios para vivir en la justicia. Pero gracias a Dios que ustedes, que antes eran esclavos del pecado, ya han obedecido de corazón a la forma de enseñanza que han recibido. Una vez libres de la esclavitud del pecado, ustedes han entrado al servicio de la justicia.

Romanos 6:16–18

Paciencia

n.: Capacidad, hábito o hecho de soportar dolores
o pruebas con calma y sin quejarse; ser amable
o tolerante; no apresurado o impetuoso.

Ustedes, hermanos, tengan paciencia hasta que el Señor venga. El campesino que espera recoger la preciosa cosecha, tiene que aguardar con paciencia las temporadas de lluvia. Ustedes también tengan paciencia y manténganse firmes, porque muy pronto volverá el Señor.

SANTIAGO 5:7–8

Así podrán portarse como deben hacerlo los que son del Señor, haciendo siempre lo que a él le agrada, dando frutos de toda clase de buenas obras y creciendo en el conocimiento de Dios. Pedimos que él, con su glorioso poder, los haga fuertes; así podrán ustedes soportarlo todo con mucha fortaleza y paciencia, y con alegría.

COLOSENSES 1:10–11

Les ruego que se porten como deben hacerlo los que han sido llamados por Dios, como lo fueron ustedes. Sean humildes y amables; tengan paciencia y sopórtense unos a otros con amor; procuren mantener la unidad que proviene del Espíritu Santo, por medio de la paz que une a todos.

EFESIOS 4:1–3

Con esa esperanza hemos sido salvados. Sólo que esperar lo que ya se está viendo no es esperanza, pues, ¿quién espera lo que ya está viendo? Pero si lo que esperamos es algo que todavía no vemos, tenemos que esperarlo sufriendo con firmeza.

ROMANOS 8:24–25

Les encargamos, hermanos, que reprendan a los indisciplinados, que animen a los que están desanimados, que ayuden a los débiles y que tengan paciencia con todos. Tengan cuidado de que ninguno pague a otro mal por mal. Al contrario, procuren hacer siempre el bien, tanto entre ustedes mismos como a todo el mundo.

1 TESALONICENSES 5:14–15

Dios los ama a ustedes y los ha escogido para que pertenezcan al pueblo santo. Revístanse de sentimientos de compasión, bondad, humildad, mansedumbre y paciencia. Sopórtense unos a otros, y perdónense si alguno tiene una queja contra otro. Así como el Señor los perdonó, perdonen también ustedes.

COLOSENSES 3:12–13

Esto es muy cierto, y todos deben creerlo: que Cristo Jesús vino al mundo para salvar a los pecadores, de los cuales yo soy el primero. Pero Dios tuvo misericordia de mí, para que Jesucristo mostrara en mí toda su paciencia. Así yo vine a ser ejemplo de los que habían de creer en él para obtener la vida eterna.

1 TIMOTEO 1:15–16

No es que el Señor se tarde en cumplir su promesa, como algunos suponen, sino que tiene paciencia con ustedes, pues no quiere que nadie muera, sino que todos se vuelvan a Dios.

2 PEDRO 3:9

Esfuércense, no sean perezosos y sirvan al Señor con corazón ferviente. Vivan alegres por la esperanza que tienen; soporten con valor los sufrimientos; no dejen nunca de orar. Hagan suyas las necesidades del pueblo santo; reciban bien a quienes los visitan.

ROMANOS 12:11–13

Puse mi esperanza en el Señor, y él se inclinó para escuchar mis gritos; me salvó de la fosa mortal, me libró de hundirme en el pantano. Afirmó mis pies sobre una roca; dio firmeza a mis pisadas. Hizo brotar de mis labios un nuevo canto, un canto de alabanza a nuestro Dios. Muchos, al ver esto, se sintieron conmovidos y pusieron su confianza en el Señor.

SALMOS 40:1–3

Guarda silencio ante el Señor; espera con paciencia a que él te ayude. No te irrites por el que triunfa en la vida, por el que hace planes malvados.

SALMOS 37:7

Paz

n.: Estado de tranquilidad o calma.

Puesto que Dios ya nos ha hecho justos gracias a la fe, tenemos paz con Dios por medio de nuestro Señor Jesucristo. Pues por Cristo hemos podido acercarnos a Dios por medio de la fe, para gozar de su favor, y estamos firmes, y nos gloriamos con la esperanza de tener parte en la gloria de Dios.

ROMANOS 5:1–2

Escucharé lo que el Señor va a decir; pues va a hablar de paz a su pueblo, a los que le son fieles, para que no vuelvan a hacer locuras. En verdad, Dios está muy cerca, para salvar a los que le honran; su gloria vivirá en nuestra tierra. El amor y la verdad se darán cita, la paz y la justicia se besarán.

SALMOS 85:8–10

Que la paz de Cristo reine en sus corazones, porque con este propósito los llamó Dios a formar un solo cuerpo. Y sean agradecidos.

COLOSENSES 3:15

Para terminar, hermanos, deseo que vivan felices y que busquen la perfección en su vida. Anímense y vivan en armonía y paz; y el Dios de amor y de paz estará con ustedes.

2 CORINTIOS 13:11

Ahora, unidos a Cristo Jesús por la sangre que él derramó, ustedes que antes estaban lejos están cerca. Cristo es nuestra paz. Él hizo de judíos y de no judíos un solo pueblo, destruyó el muro que los separaba y anuló en su propio cuerpo la enemistad que existía. Puso fin a la ley que consistía en mandatos y reglamentos, y en sí mismo creó de las dos partes un solo hombre nuevo. Así hizo la paz. Él puso fin, en sí mismo, a la enemistad que existía entre los dos pueblos, y con su muerte en la cruz los reconcilió con Dios, haciendo de ellos un solo cuerpo. Cristo vino a traer buenas noticias de paz a todos, tanto a ustedes que estaban lejos de Dios como a los que estaban cerca. Pues por medio de Cristo, los unos y los otros podemos acercarnos al Padre por un mismo Espíritu.

Efesios 2:13–18

Donde hay envidias y rivalidades, hay también desorden y toda clase de maldad; pero los que tienen la sabiduría que viene de Dios, llevan ante todo una vida pura; y además son pacíficos, bondadosos y dóciles. Son también compasivos, imparciales y sinceros, y hacen el bien. Y los que procuran la paz, siembran en paz para recoger como fruto la justicia.

Santiago 3:16–18

Les dejo la paz. Les doy mi paz, pero no se la doy como la dan los que son del mundo. No se angustien ni tengan miedo.

Juan 14:27

No se aflijan por nada, sino preséntenselo todo a Dios en oración; pídanle, y denle gracias también. Así Dios les dará su paz, que es más grande de lo que el hombre puede entender; y esta paz cuidará sus corazones y sus pensamientos por medio de Cristo Jesús. Por último, hermanos, piensen en todo lo verdadero, en todo lo que es digno de respeto, en todo lo recto, en todo lo puro, en todo lo agradable, en todo lo que tiene buena fama. Piensen en toda clase de virtudes, en todo lo que merece alabanza. Sigan practicando lo que les enseñé y las instrucciones que les di, lo que me oyeron decir y lo que me vieron hacer: háganlo así y el Dios de paz estará con ustedes.

Filipenses 4:6–9

¿Cómo van a invocarlo, si no han creído en él? ¿Y cómo van a creer en él, si no han oído hablar de él? ¿Y cómo van a oír, si no hay quien les anuncie el mensaje? ¿Y cómo van a anunciar el mensaje, si no son enviados? Como dice la Escritura: «¡Qué hermosa es la llegada de los que traen buenas noticias!»

ROMANOS 10:14–15

Puesto que Dios ya nos ha hecho justos gracias a la fe, tenemos paz con Dios por medio de nuestro Señor Jesucristo.

ROMANOS 5:1

Persecución
n.: Acto de hostigar en tal manera
que perjudique, hiera o aflija.

Dichosos los perseguidos por hacer lo que es justo, porque de ellos es el reino de los cielos. Dichosos ustedes, cuando la gente los insulte y los maltrate, y cuando por causa mía los ataquen con toda clase de mentiras. Alégrense, estén contentos, porque van a recibir un gran premio en el cielo; pues así también persiguieron a los profetas que vivieron antes que ustedes.

MATEO 5:10–12

A ustedes les echarán mano y los perseguirán. Los llevarán a juzgar en las sinagogas, los meterán en la cárcel y los presentarán ante reyes y gobernadores por causa mía. Así tendrán oportunidad de dar testimonio de mí. Háganse el propósito de no preparar de antemano su defensa, porque yo les daré palabras tan llenas de sabiduría que ninguno de sus enemigos podrá resistirlos ni contradecirlos en nada.

LUCAS 21:12–15

Nos cansamos trabajando con nuestras propias manos. A las maldiciones respondemos con bendiciones; somos perseguidos, y lo soportamos. Nos injurian, y contestamos con bondad. Nos tratan como a basura del mundo, como a desperdicio de la humanidad. Y así hasta el día de hoy. Así pues, les ruego que sigan mi ejemplo.

1 CORINTIOS 4:12–13, 16

Aunque llenos de problemas, no estamos sin salida; tenemos preocupaciones, pero no nos desesperamos. Nos persiguen, pero no estamos abandonados; nos derriban, pero no nos destruyen. Dondequiera que vamos, llevamos siempre en nuestro cuerpo la muerte de Jesús, para que también su vida se muestre en nosotros.

2 CORINTIOS 4:8–10

Tú has seguido bien mis enseñanzas, mi manera de vivir, mi propósito, mi fe, mi paciencia, mi amor y mi fortaleza para soportar, y has compartido mis persecuciones y mis sufrimientos, como los que tuve que soportar en Antioquía, Iconio y Listra. ¡Qué persecuciones sufrí! Pero el Señor me libró de todo ello. Es cierto que todos los que quieren llevar una vida piadosa en unión con Cristo Jesús sufrirán persecución.

2 TIMOTEO 3:10–12

También han oído que se dijo: "Ama a tu prójimo y odia a tu enemigo." Pero yo les digo: Amen a sus enemigos, y oren por quienes los persiguen. Así ustedes serán hijos de su Padre que está en el cielo; pues él hace que su sol salga sobre malos y buenos, y manda la lluvia sobre justos e injustos.

MATEO 5:43–45

Si el mundo los odia a ustedes, sepan que a mí me odió primero. Si ustedes fueran del mundo, la gente del mundo los amaría, como ama a los suyos. Pero yo los escogí a ustedes entre los que son del mundo, y por eso el mundo los odia, porque ya no son del mundo. Acuérdense de esto que les dije: "Ningún servidor es más que su señor." Si a mí me han perseguido, también a ustedes los perseguirán; y si han hecho caso de mi palabra, también harán caso de la de ustedes.

JUAN 15:18–20

¿Quién nos podrá separar del amor de Cristo? ¿El sufrimiento, o las dificultades, o la persecución, o el hambre, o la falta de ropa, o el peligro, o la muerte violenta? Como dice la Escritura: «Por causa tuya estamos siempre expuestos a la muerte; nos tratan como a ovejas llevadas al matadero.» Pero en todo esto salimos más que vencedores por medio de aquel que nos amó.

ROMANOS 8:35–37

Oración

n.: Acción de dirigirse a Dios, sea en forma de ruego, súplica, adoración, confesión o acción de gracias.

A ti clamo, Señor: ¡ven pronto!, ¡escucha mi voz cuando te invoco! Sea mi oración como incienso en tu presencia, y mis manos levantadas, como ofrenda de la tarde.

SALMOS 141:1-2

No trabajarán en vano ni tendrán hijos que mueran antes de tiempo, porque ellos son descendientes de los que el Señor ha bendecido, y lo mismo serán sus descendientes. Antes que ellos me llamen, yo les responderé; antes que terminen de hablar, yo los escucharé.

ISAÍAS 65:23–24

Estoy cansado de llorar. Noche tras noche lloro tanto que inundo de lágrimas mi almohada. El dolor me nubla la vista; ¡se me nubla por culpa de mis enemigos! ¡Apártense de mí, malhechores, que el Señor ha escuchado mis sollozos! El Señor ha escuchado mis ruegos, ¡el Señor ha aceptado mi oración! Mis enemigos, muertos de miedo, quedarán en ridículo; ¡en un abrir y cerrar de ojos huirán avergonzados!

SALMOS 6:6–10

Tenemos confianza en Dios, porque sabemos que si le pedimos algo conforme a su voluntad, él nos oye. Y así como sabemos que Dios oye nuestras oraciones, también sabemos que ya tenemos lo que le hemos pedido.

1 JUAN 5:14–15

Les digo que todo lo que ustedes pidan en oración, crean que ya lo han conseguido, y lo recibirán. Y cuando estén orando, perdonen lo que tengan contra otro, para que también su Padre que está en el cielo les perdone a ustedes sus pecados.

MARCOS 11:24–25

Señor, Rey mío y Dios mío, escucha mis palabras, atiende a mis gemidos, oye mis súplicas, pues a ti elevo mi oración.

SALMOS 5:1–2

Tú, cuando ores, entra en tu cuarto, cierra la puerta y ora a tu Padre en secreto. Y tu Padre, que ve lo que haces en secreto, te dará tu premio. Y al orar no repitan ustedes palabras inútiles, como hacen los paganos, que se imaginan que cuanto más hablen más caso les hará Dios. No sean como ellos, porque su Padre ya sabe lo que ustedes necesitan, antes que se lo pidan.

MATEO 6:6–8

Uno de sus discípulos le dijo:
—Señor, enséñanos a orar, así como Juan enseñó a sus discípulos.
Jesús les dijo:
—Cuando oren, digan:
"Padre, santificado sea tu nombre. Venga tu reino. Danos cada día el pan que necesitamos. Perdónanos nuestros pecados, porque también nosotros perdonamos a todos los que nos han hecho mal. No nos expongas a la tentación."

LUCAS 11:1–4

El Espíritu nos ayuda en nuestra debilidad. Porque no sabemos orar como es debido, pero el Espíritu mismo ruega a Dios por nosotros, con gemidos que no pueden expresarse con palabras. Y Dios, que examina los corazones, sabe qué es lo que el Espíritu quiere decir, porque el Espíritu ruega, conforme a la voluntad de Dios, por los del pueblo santo.

ROMANOS 8:26–27

Ante todo recomiendo que se hagan peticiones, oraciones, súplicas y acciones de gracias a Dios por toda la humanidad. Se debe orar por los que gobiernan y por todas las autoridades, para que podamos gozar de una vida tranquila y pacífica, con toda piedad y dignidad.

1 TIMOTEO 2:1–2

Protección

n.: Acción de cuidar algo a pesar de
dificultades, oposición o desánimo.

Ya que has hecho del Señor tu refugio, del Altísimo tu lugar de protección, no te sobrevendrá ningún mal ni la enfermedad llegará a tu casa; pues él mandará que sus ángeles te cuiden por dondequiera que vayas. Te levantarán con sus manos para que no tropieces con piedra alguna. Podrás andar entre leones, entre monstruos y serpientes. Yo lo pondré a salvo, fuera del alcance de todos, porque él me ama y me conoce. Cuando me llame, le contestaré; ¡yo mismo estaré con él! Lo libraré de la angustia y lo colmaré de honores.

SALMOS 91:9–15

Cuando me encuentro en peligro, tú me mantienes con vida; despliegas tu poder y me salvas de la furia de mis enemigos. ¡El Señor llevará a feliz término su acción en mi favor! Señor, tu amor es eterno; ¡no dejes incompleto lo que has emprendido!

SALMOS 138:7–8

En presencia de tu pueblo numeroso he dado a conocer lo que es justo. ¡Tú bien sabes, Señor, que no he guardado silencio! No me he quedado callado acerca de tu justicia; he hablado de tu fidelidad y salvación. Jamás he ocultado tu amor y tu verdad ante tu pueblo numeroso. Y tú, Señor, ¡no me niegues tu ternura! ¡Que siempre me protejan tu amor y tu fidelidad! Pues me han pasado tantas desgracias que ni siquiera las puedo contar. Me han atrapado mis propias maldades; ¡hasta he perdido la

vista! Son más que los pelos de mi cabeza, y hasta el ánimo he
perdido. Señor, por favor, ¡ven a librarme! Señor, ¡ven pronto en
mi ayuda!

SALMOS 40:9-13

El Señor da su ayuda y protección a los que viven rectamente y
sin tacha; cuida de los que se conducen con justicia, y protege a
los que le son fieles.

PROVERBIOS 2:7-8

El Señor es mi poderoso protector; en él confié plenamente, y
él me ayudó. Mi corazón está alegre; cantaré y daré gracias al
Señor. El Señor es la fuerza de su pueblo; es ayuda y refugio de
su rey escogido.

SALMOS 27:7-8

«Nadie ha hecho el arma que pueda destruirte. Dejarás callado
a todo el que te acuse. Esto es lo que yo doy a los que me sirven:
la victoria.» El Señor es quien lo afirma.

ISAÍAS 54:17

El Señor sí me ayudó y me dio fuerzas, de modo que pude llevar
a cabo la predicación del mensaje de salvación y hacer que lo oye-
ran todos los paganos. Así el Señor me libró de la boca del león.

2 TIMOTEO 4:17

Hermanos, oren por nosotros, para que el mensaje del Señor
llegue pronto a todas partes y sea recibido con estimación, como
sucedió entre ustedes. Oren también para que seamos librados
de los hombres malos y perversos, porque no todos tienen fe.

2 TESALONICENSES 3:1-2

Dios ha dicho: «Nunca te dejaré ni te abandonaré.» Así que
podemos decir con confianza:
«El Señor es mi ayuda; no temeré. ¿Qué me puede hacer el
hombre?»

HEBREOS 13:5-6

Sólo él me salva y me protege. No caeré, porque él es mi refugio. De Dios dependen mi salvación y mi honor; él es mi protección y mi refugio.

SALMOS 62:2, 6–7

Provisión
n.: Bienes o suministros necesarios.

Tengo más que suficiente. Lo que me enviaron fue como una ofrenda de incienso perfumado, un sacrificio que Dios recibe con agrado. Por lo tanto, mi Dios les dará a ustedes todo lo que les falte, conforme a las gloriosas riquezas que tiene en Cristo Jesús. ¡Gloria para siempre a nuestro Dios y Padre! Amén.

FILIPENSES 4:18–20

El Señor es tierno y compasivo; da alimentos a los que lo honran; ¡se acuerda siempre de su alianza!

SALMOS 111:4–5

Nosotros somos hombres, como ustedes. Precisamente hemos venido para anunciarles la buena noticia, para que dejen ya estas cosas que no sirven para nada, y que se vuelvan al Dios viviente, que hizo el cielo, la tierra, el mar y todo lo que hay en ellos. Aunque en otros tiempos Dios permitió que cada cual siguiera su propio camino, nunca dejó de mostrar, por medio del bien que hacía, quién era él; pues él es quien les manda a ustedes la lluvia y las buenas cosechas, y quien les da lo suficiente para que coman y estén contentos.

HECHOS 14:15–17

Dios puede darles a ustedes con abundancia toda clase de bendiciones, para que tengan siempre todo lo necesario y además les sobre para ayudar en toda clase de buenas obras. La Escritura dice: «Ha dado abundantemente a los pobres, y su generosidad permanece para siempre.» Dios, que da la semilla que se siembra y el alimento que se come, les dará a ustedes todo lo necesario para su siembra, y la hará crecer, y hará que la generosidad de ustedes produzca una gran cosecha. Así tendrán ustedes toda clase de riquezas y podrán dar generosamente. Y la colecta que ustedes envíen por medio de nosotros, será motivo de que los hermanos den gracias a Dios.

2 CORINTIOS 9:8-11

Antes quiero que ustedes reconozcan de todo corazón y con toda el alma que se han cumplido todas las cosas buenas que el Señor les prometió. Ni una sola de sus promesas quedó sin cumplirse. Pero, así como se cumplió todo lo bueno que el Señor les prometió.

JOSUÉ 23:14-15

Yo fui joven, y ya soy viejo, pero nunca vi desamparado al hombre bueno ni jamás vi a sus hijos pedir limosna. A todas horas siente compasión, y da prestado; sus hijos son una bendición.

SALMOS 37:25-26

No se preocupen por lo que han de comer o beber para vivir, ni por la ropa que necesitan para el cuerpo. ¿No vale la vida más que la comida y el cuerpo más que la ropa? Miren las aves que vuelan por el aire: no siembran ni cosechan ni guardan la cosecha en graneros; sin embargo, el Padre de ustedes que está en el cielo les da de comer. ¡Y ustedes valen más que las aves!

MATEO 6:25-26

¿Y por qué se preocupan ustedes por la ropa? Fíjense cómo crecen los lirios del campo: no trabajan ni hilan. Sin embargo, les digo que ni siquiera el rey Salomón, con todo su lujo, se vestía como uno de ellos. Pues si Dios viste así a la hierba, que hoy está en el campo y mañana se quema en el horno, ¡con mayor razón los vestirá a ustedes, gente falta de fe! Así que no se preocupen, preguntándose: "¿Qué vamos a comer?" o "¿Qué vamos a beber?" o "¿Con qué vamos a vestirnos?" Todas estas cosas son las que preocupan a los paganos, pero ustedes tienen un Padre celestial que ya sabe que las necesitan.

MATEO 6:28-32

Pureza

n.: Estado de ser intachable; no mezclado con nada más.

No puede haber nada en común entre el templo de Dios y los ídolos. Porque nosotros somos templo del Dios viviente, como él mismo dijo: «Viviré y andaré entre ellos; yo seré su Dios y ellos serán mi pueblo.» Por eso también dice el Señor: «Salgan de en medio de ellos, y apártense; no toquen nada impuro. Entonces yo los recibiré y seré un Padre para ustedes, y ustedes serán mis hijos y mis hijas, dice el Señor todopoderoso.»

2 Corintios 6:16–18

¿Quién puede subir al monte del Señor? ¿Quién puede permanecer en su santo templo? El que tiene las manos y la mente limpias de todo pecado; el que no adora ídolos ni hace juramentos falsos. El Señor, su Dios y Salvador, lo bendecirá y le hará justicia.

Salmos 24:3–5

Queridos hermanos, ya somos hijos de Dios. Y aunque no se ve todavía lo que seremos después, sabemos que cuando Jesucristo aparezca seremos como él, porque lo veremos tal como es. Y todo el que tiene esta esperanza en él, se purifica a sí mismo, de la misma manera que Jesucristo es puro.

1 Juan 3:2–3

Despedido el insolente, se va la discordia y se acaban los pleitos y las ofensas. El rey aprecia al de corazón sincero, y brinda su amistad al que habla con gracia.

Proverbios 22:10–11

Donde hay envidias y rivalidades, hay también desorden y toda clase de maldad; pero los que tienen la sabiduría que viene de Dios, llevan ante todo una vida pura; y además son pacíficos, bondadosos y dóciles. Son también compasivos, imparciales y sinceros, y hacen el bien.

Santiago 3:16–17

Si decimos que estamos unidos a él, y al mismo tiempo vivimos en la oscuridad, mentimos y no practicamos la verdad. Pero si vivimos en la luz, así como Dios está en la luz, entonces hay unión entre nosotros, y la sangre de su Hijo Jesús nos limpia de todo pecado.

1 Juan 1:6–7

Felices los que se conducen sin tacha y siguen la enseñanza del Señor. Felices los que atienden a sus mandatos y lo buscan de todo corazón, los que no hacen nada malo, los que siguen el camino del Señor.

Salmos 119:1–3

Dichosos los que tienen hambre y sed de la justicia, porque serán satisfechos. Dichosos los compasivos, porque Dios tendrá compasión de ellos. Dichosos los de corazón limpio, porque verán a Dios. Dichosos los que trabajan por la paz, porque Dios los llamará hijos suyos.

Mateo 5:6–9

Evita que te desprecien por ser joven; más bien debes ser un ejemplo para los creyentes en tu modo de hablar y de portarte, y en amor, fe y pureza de vida.

1 Timoteo 4:12

Acérquense a Dios, y él se acercará a ustedes. ¡Límpiense las manos, pecadores! ¡Purifiquen sus corazones, ustedes que quieren amar a Dios y al mundo a la vez! ¡Aflíjanse, lloren y laméntense! ¡Que su risa se cambie en lágrimas y su alegría en tristeza! Humíllense delante del Señor, y él los enaltecerá.

Santiago 4:8–10

Te alabaré con corazón sincero cuando haya aprendido tus justos decretos. ¡Quiero cumplir tus leyes! ¡No me abandones jamás! ¿Cómo podrá el joven llevar una vida limpia? ¡Viviendo de acuerdo con tu palabra!

SALMOS 119:7–9

Propósito

n.: Algo establecido como un fin para
ser conseguido; una intención.

Sabemos que Dios dispone todas las cosas para el bien de quienes lo aman, a los cuales él ha llamado de acuerdo con su propósito.

ROMANOS 8:28

Dios quiso mostrar claramente a quienes habían de recibir la herencia que él les prometía, que estaba dispuesto a cumplir la promesa sin cambiar nada de ella. Por eso garantizó su promesa mediante el juramento. De estas dos cosas que no pueden cambiarse y en las que Dios no puede mentir, recibimos un firme consuelo los que hemos buscado la protección de Dios y hemos confiado en la esperanza que él nos ha dado. Esta esperanza mantiene firme y segura nuestra alma, igual que el ancla mantiene firme al barco. Es una esperanza que ha penetrado hasta detrás del velo en el templo celestial.

HEBREOS 6:17–19

En Cristo, Dios nos había escogido de antemano para que tuviéramos parte en su herencia, de acuerdo con el propósito de Dios mismo, que todo lo hace según la determinación de su voluntad. Y él ha querido que nosotros seamos los primeros en poner nuestra esperanza en Cristo, para que todos alabemos su glorioso poder.

EFESIOS 1:11–12

Dios nos salvó y nos ha llamado a formar un pueblo santo, no por lo que nosotros hayamos hecho, sino porque ése fue su propósito y por la bondad que ha tenido con nosotros desde la eternidad, por Cristo Jesús.

2 TIMOTEO 1:9

Con este fin oramos siempre por ustedes, pidiendo a nuestro Dios que los haga dignos del llamamiento que les hizo, y que cumpla por su poder todos los buenos deseos de ustedes y los trabajos que realizan movidos por su fe. De esta manera, el nombre de nuestro Señor Jesús será honrado por causa de ustedes, y él los honrará conforme a la bondad de nuestro Dios y del Señor Jesucristo.

2 TESALONICENSES 1:11-12

El hombre hace muchos planes, pero sólo se realiza el propósito divino.

PROVERBIOS 19:21

Que Dios nuestro Padre y el Señor Jesucristo derramen su gracia y su paz sobre ustedes. Alabado sea el Dios y Padre de nuestro Señor Jesucristo, pues en Cristo nos ha bendecido en los cielos con toda clase de bendiciones espirituales. Dios nos escogió en Cristo desde antes de la creación del mundo, para que fuéramos santos y sin defecto en su presencia. Por su amor, nos había destinado a ser adoptados como hijos suyos por medio de Jesucristo, hacia el cual nos ordenó, según la determinación bondadosa de su voluntad.

EFESIOS 1:2-5

Esto lo hizo para que alabemos siempre a Dios por su gloriosa bondad, con la cual nos bendijo mediante su amado Hijo. En Cristo, gracias a la sangre que derramó, tenemos la liberación y el perdón de los pecados. Pues Dios ha hecho desbordar sobre nosotros las riquezas de su generosidad, dándonos toda sabiduría y entendimiento, y nos ha hecho conocer el designio secreto de su voluntad. Él en su bondad se había propuesto realizar en Cristo este designio, e hizo que se cumpliera el término que había señalado. Y este designio consiste en que Dios ha querido unir bajo el mando de Cristo todas las cosas, tanto en el cielo como en la tierra.

EFESIOS 1:6–10

Cuando me encuentro en peligro, tú me mantienes con vida; despliegas tu poder y me salvas de la furia de mis enemigos. ¡El Señor llevará a feliz término su acción en mi favor! Señor, tu amor es eterno; ¡no dejes incompleto lo que has emprendido!

SALMOS 138:7–8

Por tanto, mis queridos hermanos, así como ustedes me han obedecido siempre, y no sólo cuando he estado entre ustedes, obedézcanme más ahora que estoy lejos. Hagan efectiva su propia salvación con profunda reverencia; pues Dios, según su bondadosa determinación, es quien hace nacer en ustedes los buenos deseos y quien los ayuda a llevarlos a cabo.

FILIPENSES 2:12–13

Tranquilidad y Soledad

n.: Estado caracterizado por poca o ninguna actividad, sonidos o distracciones; armonía; aislamiento.

Ante todo recomiendo que se hagan peticiones, oraciones, súplicas y acciones de gracias a Dios por toda la humanidad. Se debe orar por los que gobiernan y por todas las autoridades, para que podamos gozar de una vida tranquila y pacífica, con toda piedad y dignidad. Esto es bueno y agrada a Dios nuestro Salvador.

1 TIMOTEO 2:1–3

El desierto se convertirá en tierra de cultivo, y la tierra de cultivo será mucho más fértil. La rectitud y la justicia reinarán en todos los lugares del país. La justicia producirá paz, tranquilidad y confianza para siempre. Mi pueblo vivirá en un lugar pacífico, en habitaciones seguras, en residencias tranquilas.

ISAÍAS 32:15–18

¡El Señor lo es todo para mí; por eso en él confío! El Señor es bueno con los que en él confían, con los que a él recurren. Es mejor esperar en silencio a que el Señor nos ayude.

Lamentaciones 3:24–26

«¡Ríndanse! ¡Reconozcan que yo soy Dios! ¡Yo estoy por encima de las naciones! ¡Yo estoy por encima de toda la tierra!» ¡El Señor todopoderoso está con nosotros!

Salmos 46:10–11

Señor, no es orgulloso mi corazón, ni son altaneros mis ojos, ni voy tras cosas grandes y extraordinarias que están fuera de mi alcance. Al contrario, estoy callado y tranquilo, como un niño recién amamantado que está en brazos de su madre. ¡Soy como un niño recién amamantado! Israel, espera en el Señor ahora y siempre.

Salmos 131:1–3

Así hacen ustedes con todos los hermanos que viven en toda Macedonia. Pero les rogamos, hermanos, que su amor aumente todavía más. Procuren vivir tranquilos y ocupados en sus propios asuntos, trabajando con sus manos como les hemos encargado.

1 Tesalonicenses 4:10–11

Ante todo recomiendo que se hagan peticiones, oraciones, súplicas y acciones de gracias a Dios por toda la humanidad. Se debe orar por los que gobiernan y por todas las autoridades, para que podamos gozar de una vida tranquila y pacífica, con toda piedad y dignidad. Esto es bueno y agrada a Dios nuestro Salvador, pues él quiere que todos se salven y lleguen a conocer la verdad.

1 Timoteo 2:1–4

Yo afirmo que vale más ser sabio que valiente, aun cuando la sabiduría del hombre pobre no sea tomada en cuenta ni se preste atención a lo que dice. Más se oyen las palabras tranquilas de los sabios que el griterío del rey de los necios.

Eclesiastés 9:16–17

El Señor tu Dios está en medio de ti; ¡él es poderoso, y te salvará! El Señor estará contento de ti. Con su amor te dará nueva vida; en su alegría cantará.

Sofonías 3:17

Vuelvan, quédense tranquilos y estarán a salvo. En la tranquilidad y la confianza estará su fuerza.

Isaías 30:15

Que el adorno de ustedes no consista en cosas externas, como peinados exagerados, joyas de oro o vestidos lujosos, sino en lo íntimo del corazón, en la belleza incorruptible de un espíritu suave y tranquilo. Esta belleza vale mucho delante de Dios.

1 Pedro 3:3–4

Reconciliación

n.: Acto o proceso de restaurar la relación con alguien.

El que está unido a Cristo es una nueva persona. Las cosas viejas pasaron; se convirtieron en algo nuevo. Todo esto es la obra de Dios, quien por medio de Cristo nos reconcilió consigo mismo y nos dio el encargo de anunciar la reconciliación. Es decir que, en Cristo, Dios estaba reconciliando consigo mismo al mundo, sin tomar en cuenta los pecados de los hombres; y a nosotros nos encargó que diéramos a conocer este mensaje. Así que somos embajadores de Cristo, lo cual es como si Dios mismo les rogara a ustedes por medio de nosotros. Así pues, en el nombre de Cristo les rogamos que acepten el reconciliarse con Dios.

2 Corintios 5:17–20

En Cristo quiso residir todo el poder divino, y por medio de él Dios reconcilió a todo el universo ordenándolo hacia él, tanto lo que está en la tierra como lo que está en el cielo, haciendo la paz mediante la sangre que Cristo derramó en la cruz. Ustedes antes eran extranjeros y enemigos de Dios en sus corazones, por las cosas malas que hacían, pero ahora Cristo los ha reconciliado mediante la muerte que sufrió en su existencia terrena.

Y lo hizo para tenerlos a ustedes en su presencia, santos, sin mancha y sin culpa.

COLOSENSES 1:19–22

Les digo que todo lo que ustedes pidan en oración, crean que ya lo han conseguido, y lo recibirán. Y cuando estén orando, perdonen lo que tengan contra otro, para que también su Padre que está en el cielo les perdone a ustedes sus pecados.

MARCOS 11:24–26

Dios prueba que nos ama, en que, cuando todavía éramos pecadores, Cristo murió por nosotros. Y ahora, después que Dios nos ha hecho justos mediante la muerte de Cristo, con mayor razón seremos salvados del castigo final por medio de él. Porque si Dios, cuando todavía éramos sus enemigos, nos reconcilió consigo mismo mediante la muerte de su Hijo, con mayor razón seremos salvados por su vida, ahora que ya estamos reconciliados con él. Y no sólo esto, sino que también nos gloriamos en Dios mediante nuestro Señor Jesucristo, pues por Cristo hemos recibido ahora la reconciliación.

ROMANOS 5:8–11

Unidos a Cristo Jesús por la sangre que él derramó, ustedes que antes estaban lejos están cerca. Cristo es nuestra paz. Él hizo de judíos y de no judíos un solo pueblo, destruyó el muro que los separaba y anuló en su propio cuerpo la enemistad que existía. Puso fin a la ley que consistía en mandatos y reglamentos, y en sí mismo creó de las dos partes un solo hombre nuevo. Así hizo la paz. Él puso fin, en sí mismo, a la enemistad que existía entre los dos pueblos, y con su muerte en la cruz los reconcilió con Dios, haciendo de ellos un solo cuerpo. Cristo vino a traer buenas noticias de paz a todos, tanto a ustedes que estaban lejos de Dios como a los que estaban cerca. Pues por medio de Cristo, los unos y los otros podemos acercarnos al Padre por un mismo Espíritu.

EFESIOS 2:13–18

Si al llevar tu ofrenda al altar te acuerdas de que tu hermano tiene algo contra ti, deja tu ofrenda allí mismo delante del altar y ve primero a ponerte en paz con tu hermano. Entonces podrás volver al altar y presentar tu ofrenda.

MATEO 5:23–24

¿Por qué no juzgas por ti mismo lo que es justo? Si alguien te demanda y vas con él a presentarte a la autoridad, procura llegar a un acuerdo mientras aún estés a tiempo.

LUCAS 12:57-58

Redención

n.: Acción o proceso de readquirir o
recuperar, comprar de nuevo.

Yo he hecho desaparecer tus faltas y pecados, como desaparecen las nubes. Vuélvete a mí, pues yo te he libertado. ¡Cielo, grita de alegría por lo que el Señor ha hecho! ¡Lancen vivas, abismos de la tierra! ¡Montañas y bosques con todos sus árboles, griten llenos de alegría!

ISAÍAS 44:22–23

Yo, Señor, invoco tu nombre desde lo más profundo del pozo: tú escuchas mi voz, y no dejas de atender a mis ruegos. El día que te llamo, vienes a mí, y me dices: «No tengas miedo.» Tú me defiendes, Señor, en mi lucha, tú rescatas mi vida.

LAMENTACIONES 3:55–58

Darán gracias al Padre, que los ha capacitado a ustedes para recibir en la luz la parte de la herencia que él dará al pueblo santo. Dios nos libró del poder de las tinieblas y nos llevó al reino de su amado Hijo, por quien tenemos la liberación y el perdón de los pecados.

COLOSENSES 1:12–14

Dios los ha rescatado a ustedes de la vida sin sentido que heredaron de sus antepasados; y ustedes saben muy bien que el costo de este rescate no se pagó con cosas corruptibles, como el oro o la plata, sino con la sangre preciosa de Cristo, que fue ofrecido en sacrificio como un cordero sin defecto ni mancha. Cristo había sido destinado para esto desde antes que el mundo fuera creado, pero en estos tiempos últimos ha aparecido para bien de ustedes.

1 PEDRO 1:18–20

Sabemos que hasta ahora la creación entera se queja y sufre como una mujer con dolores de parto. Y no sólo ella sufre, sino también nosotros, que ya tenemos el Espíritu como anticipo de lo que vamos a recibir. Sufrimos profundamente, esperando el momento de ser adoptados como hijos de Dios, con lo cual serán liberados nuestros cuerpos.

ROMANOS 8:22–23

Espera tú, Israel, al Señor, pues en él hay amor y completa libertad.

SALMOS 130:7

Cristo ha entrado en el santuario, ya no para ofrecer la sangre de chivos y becerros, sino su propia sangre; ha entrado una sola vez y para siempre, y ha obtenido para nosotros la liberación eterna. Es verdad que la sangre de los toros y chivos, y las cenizas de la becerra que se quema en el altar, las cuales son rociadas sobre los que están impuros, tienen poder para consagrarlos y purificarlos por fuera. Pero si esto es así, ¡cuánto más poder tendrá la sangre de Cristo! Pues por medio del Espíritu eterno, Cristo se ofreció a sí mismo a Dios como sacrificio sin mancha, y su sangre limpia nuestra conciencia de las obras que llevan a la muerte, para que podamos servir al Dios viviente. Por eso, Jesucristo es mediador de una nueva alianza y un nuevo testamento, pues con su muerte libra a los hombres de los pecados cometidos bajo la primera alianza, y hace posible que los que Dios ha llamado reciban la herencia eterna que él les ha prometido.

HEBREOS 9:12–15

Todos han pecado y están lejos de la presencia gloriosa de Dios. Pero Dios, en su bondad y gratuitamente, los hace justos, mediante la liberación que realizó Cristo Jesús. Dios hizo que Cristo, al derramar su sangre, fuera el instrumento del perdón. Este perdón se alcanza por la fe. Así quería Dios mostrar cómo nos hace justos: perdonando los pecados que habíamos cometido antes.

Romanos 3:23–25

Cristo nos rescató de la maldición de la ley haciéndose maldición por causa nuestra, porque la Escritura dice: «Maldito todo el que muere colgado de un madero.» Esto sucedió para que la bendición que Dios prometió a Abraham alcance también, por medio de Cristo Jesús, a los no judíos; y para que por medio de la fe recibamos todos el Espíritu que Dios ha prometido.

Gálatas 3:13–14

Dios mismo los ha unido a ustedes con Cristo Jesús, y ha hecho también que Cristo sea nuestra sabiduría, nuestra justicia, nuestra santificación y nuestra liberación.

1 Corintios 1:30

Relaciones

n.: Estado o proceso de estar mutua y
recíprocamente conectado con otra persona.

Hermanos, deben darse cuenta de que Dios los ha llamado a pesar de que pocos de ustedes son sabios según los criterios humanos, y pocos de ustedes son gente con autoridad o pertenecientes a familias importantes. Y es que, para avergonzar a los sabios, Dios ha escogido a los que el mundo tiene por tontos; y para avergonzar a los fuertes, ha escogido a los que el mundo tiene por débiles. Dios ha escogido a la gente despreciada y sin importancia de este mundo, es decir, a los que no son nada, para anular a los que son algo. Así nadie podrá presumir delante de Dios. Pero Dios mismo los ha unido a ustedes con Cristo Jesús, y ha hecho también que Cristo sea nuestra sabiduría, nuestra justicia, nuestra santificación y nuestra liberación. De esta manera, como dice la Escritura: «Si alguno quiere enorgullecerse, que se enorgullezca del Señor.»

1 Corintios 1:26–31

Yo, que estoy preso por la causa del Señor, les ruego que se porten como deben hacerlo los que han sido llamados por Dios, como lo fueron ustedes. Sean humildes y amables; tengan paciencia y sopórtense unos a otros con amor.

Efesios 4:1–2

Hermanos, les rogamos que tengan respeto a los que trabajan entre ustedes, los dirigen en las cosas del Señor y los amonestan. Deben estimarlos y amarlos mucho, por el trabajo que hacen. Vivan en paz unos con otros. También les encargamos, hermanos, que reprendan a los indisciplinados, que animen a los que están desanimados, que ayuden a los débiles y que tengan paciencia con todos. Tengan cuidado de que ninguno pague a otro mal por mal. Al contrario, procuren hacer siempre el bien, tanto entre ustedes mismos como a todo el mundo.

1 Tesalonicenses 5:12–15

No se unan ustedes en un mismo yugo con los que no creen. Porque ¿qué tienen en común la justicia y la injusticia? ¿O cómo puede la luz ser compañera de la oscuridad? No puede haber armonía entre Cristo y Belial, ni entre un creyente y un incrédulo. No puede haber nada en común entre el templo de Dios y los ídolos. Porque nosotros somos templo del Dios viviente, como él mismo dijo: «Viviré y andaré entre ellos; yo seré su Dios y ellos serán mi pueblo.» Por eso también dice el Señor: «Salgan de en medio de ellos, y apártense; no toquen nada impuro. Entonces yo los recibiré y seré un Padre para ustedes, y ustedes serán mis hijos y mis hijas, dice el Señor todopoderoso.»

2 Corintios 6:14–18

Alejen de ustedes la amargura, las pasiones, los enojos, los gritos, los insultos y toda clase de maldad. Sean buenos y

compasivos unos con otros, y perdónense mutuamente, como
Dios los perdonó a ustedes en Cristo.

EFESIOS 4:31–32

Ayúdense entre sí a soportar las cargas, y de esa manera cumplirán la ley de Cristo. Si alguien se cree ser algo, cuando no es nada, a sí mismo se engaña. Cada uno debe juzgar su propia conducta, y si ha de sentirse orgulloso, que lo sea respecto de sí mismo y no respecto de los demás. Pues cada uno tiene que llevar su propia carga.

GÁLATAS 6:2–5

Si vivimos en la luz, así como Dios está en la luz, entonces hay unión entre nosotros, y la sangre de su Hijo Jesús nos limpia de todo pecado.

1 JUAN 1:7

Ahora ustedes, al obedecer al mensaje de la verdad, se han purificado para amar sinceramente a los hermanos. Así que deben amarse unos a otros con corazón puro y con todas sus fuerzas.

1 PEDRO 1:22

Arrepentimiento

n.: Acto o proceso de volverse del pecado y
decidir hacer lo que es bueno, especialmente
con relación a faltas o defectos morales.

Queridos hermanos, no olviden que para el Señor un día es como mil años, y mil años como un día. No es que el Señor se tarde en cumplir su promesa, como algunos suponen, sino que tiene paciencia con ustedes, pues no quiere que nadie muera, sino que todos se vuelvan a Dios.

2 PEDRO 3:8–9

Ya sé, hermanos, que cuando ustedes y sus jefes mataron a Jesús, lo hicieron sin saber en realidad lo que estaban haciendo. Pero

Dios cumplió de este modo lo que antes había anunciado por medio de todos sus profetas: que su Mesías tenía que morir. Por eso, vuélvanse ustedes a Dios y conviértanse, para que él les borre sus pecados y el Señor les mande tiempos de alivio, enviándoles a Jesús, a quien desde el principio había escogido como Mesías para ustedes.

HECHOS 3:17–20

Busquen al Señor mientras puedan encontrarlo, llámenlo mientras está cerca. Que el malvado deje su camino, que el perverso deje sus ideas; vuélvanse al Señor, y él tendrá compasión de ustedes; vuélvanse a nuestro Dios, que es generoso para perdonar.

ISAÍAS 55:6–7

Si el malvado se aparta de su maldad y hace lo que es recto y justo, salvará su vida. Si abre los ojos y se aparta de todas las maldades que había hecho, ciertamente vivirá y no morirá.

EZEQUIEL 18:27–28

Cuando los allí reunidos oyeron esto, se afligieron profundamente, y preguntaron a Pedro y a los otros apóstoles:
—Hermanos, ¿qué debemos hacer?
Pedro les contestó:
—Vuélvanse a Dios y bautícese cada uno en el nombre de Jesucristo, para que Dios les perdone sus pecados, y así él les dará el Espíritu Santo. Porque esta promesa es para ustedes y para sus hijos, y también para todos los que están lejos; es decir, para todos aquellos a quienes el Señor nuestro Dios quiera llamar.

HECHOS 2:37–39

Todos los que cobraban impuestos para Roma y otra gente de mala fama se acercaban a Jesús, para oírlo. Los fariseos y los maestros de la ley lo criticaban por esto, diciendo:
—Éste recibe a los pecadores y come con ellos.
Entonces Jesús les dijo esta parábola: «¿Quién de ustedes, si tiene cien ovejas y pierde una de ellas, no deja las otras noventa y nueve en el campo y va en busca de la oveja perdida, hasta encontrarla? Y cuando la encuentra, contento la pone sobre sus

hombros, y al llegar a casa junta a sus amigos y vecinos, y les dice: "Alégrense conmigo, porque ya encontré la oveja que se me había perdido." Les digo que así también hay más alegría en el cielo por un pecador que se convierte que por noventa y nueve justos que no necesitan convertirse.»

LUCAS 15:1–7

Ahora me alegro; no por la tristeza que les causó, sino porque esa tristeza los hizo volverse a Dios. Fue una tristeza según la voluntad de Dios, así que nosotros no les causamos ningún daño; pues la tristeza según la voluntad de Dios conduce a una conversión que da por resultado la salvación, y no hay nada que lamentar. Pero la tristeza del mundo produce la muerte.

2 CORINTIOS 7:9–10

Respeto

n.: Acto o actitud de dar gran estima a algo o alguien; honra.

Respete cada uno a su padre y a su madre. Respeten también mis sábados. Yo soy el Señor su Dios. Ponte de pie y muestra respeto ante los ancianos. Muestra reverencia por tu Dios. Yo soy el Señor.

LEVÍTICO 19:3, 32

Es preciso someterse a las autoridades, no sólo para evitar el castigo, sino como un deber de conciencia. También por esta razón ustedes pagan impuestos; porque las autoridades están al servicio de Dios, y a eso se dedican. Denle a cada uno lo que le corresponde. Al que deban pagar contribuciones, páguenle las contribuciones; al que deban pagar impuestos, páguenle los impuestos; al que deban respeto, respétenlo; al que deban estimación, estímenlo.

ROMANOS 13:5–7

«Por eso, el hombre dejará a su padre y a su madre para unirse a su esposa, y los dos serán como una sola persona.» Aquí se muestra cuán grande es el designio secreto de Dios. Y yo lo refiero a Cristo y a la iglesia. En todo caso, que cada uno de ustedes ame a su esposa como a sí mismo, y que la esposa respete al esposo.

EFESIOS 5:31–33

Procuren vivir tranquilos y ocupados en sus propios asuntos, trabajando con sus manos como les hemos encargado, para que los respeten los de fuera y ustedes no tengan que depender de nadie.

1 TESALONICENSES 4:11–12

Hermanos, les rogamos que tengan respeto a los que trabajan entre ustedes, los dirigen en las cosas del Señor y los amonestan. Deben estimarlos y amarlos mucho, por el trabajo que hacen. Vivan en paz unos con otros.

1 TESALONICENSES 5:12–13

Pórtense como personas libres, aunque sin usar su libertad como un pretexto para hacer lo malo. Pórtense más bien como siervos de Dios. Den a todos el debido respeto. Amen a los hermanos, reverencien a Dios, respeten al emperador. Sirvientes, sométanse con todo respeto a sus amos, no solamente a los buenos y comprensivos sino también a los malos. Porque es cosa agradable a Dios que uno soporte sufrimientos injustamente, por sentido de responsabilidad delante de él.

1 PEDRO 2:16–19

Cuando éramos niños, nuestros padres aquí en la tierra nos corregían, y los respetábamos. ¿Por qué no hemos de someternos, con mayor razón, a nuestro Padre celestial, para obtener la vida? Nuestros padres aquí en la tierra nos corregían durante esta corta vida, según lo que les parecía más conveniente; pero Dios nos corrige para nuestro verdadero provecho, para hacernos santos como él.

HEBREOS 12:9–10

El que desatiende una orden, lo lamentará; el que respeta el mandato será recompensado. La enseñanza del sabio es fuente de vida y libra de los lazos de la muerte.

PROVERBIOS 13:13–14

El bueno, aunque muera antes de tiempo, tendrá descanso. Como su alma era agradable a Dios, Dios se apresuró a sacarlo de la maldad. La gente ve esto, pero no lo entiende; no comprende que aquellos a quienes Dios ha escogido gozan de su amor y su misericordia, y que él vela por su pueblo santo.

SABIDURÍA 4:7, 14–15

El que honra a su padre tendrá larga vida; el que respeta a su madre será premiado por el Señor, pues obedece a sus padres como si fueran sus amos. Hijo mío, honra a tu padre con obras y palabras, y así recibirás toda clase de bendiciones. Porque la bendición del padre da raíces firmes a una familia, pero la maldición de la madre la arranca de raíz.

ECLESIÁSTICO 3:6–9

Descanso

n.: Estado caracterizado por actividad funcional y metabólica mínima; liberarse de la actividad; inactividad restauradora.

Vengan a mí todos ustedes que están cansados de sus trabajos y cargas, y yo los haré descansar. Acepten el yugo que les pongo, y aprendan de mí, que soy paciente y de corazón humilde; así encontrarán descanso. Porque el yugo que les pongo y la carga que les doy a llevar son ligeros.

MATEO 11:28–30

De manera que todavía queda un reposo sagrado para el pueblo de Dios; porque el que entra en ese reposo de Dios, reposa de su trabajo, así como Dios reposó del suyo. Debemos, pues, esforzarnos por entrar en ese reposo, para que nadie siga el ejemplo de aquellos que no creyeron.

HEBREOS 4:9–11

Yo te guiaré continuamente, te daré comida abundante en el desierto, daré fuerza a tu cuerpo y serás como un jardín bien regado, como un manantial al que no le falta el agua.

ISAÍAS 58:11

Cuando descanses, no tendrás que temer; cuando te acuestes, dormirás tranquilo. No temerás a los peligros repentinos ni a la ruina que vendrá sobre los malvados, porque el Señor te infundirá confianza y evitará que caigas en alguna trampa.

PROVERBIOS 3:24–26

El Señor es justo y compasivo; nuestro Dios es todo ternura. El Señor cuida de los sencillos. Cuando yo estaba sin fuerzas, me salvó. Ahora sí, puedo volver a sentirme tranquilo porque el Señor ha sido bueno conmigo, porque me ha librado de la muerte, porque me ha librado de llorar y de caer.

SALMOS 116:5–8

La reverencia al Señor conduce a la vida; uno vive contento y sin sufrir ningún mal.

PROVERBIOS 19:23

Sólo él me salva y me protege. No caeré, porque él es mi refugio. ¿Hasta cuándo me atacarán ustedes y tratarán de echarme abajo, cual si fuera una pared que se derrumba o una cerca a punto de caer al suelo? Sólo él me salva y me protege. No caeré, porque él es mi refugio. De Dios dependen mi salvación y mi honor; él es mi protección y mi refugio.

SALMOS 62:2–3, 6–7

Si no hacen caso, será en lenguaje enredado, en idioma extraño, como Dios hablará a este pueblo.

ISAÍAS 28:11

El cielo y la tierra, y todo lo que hay en ellos, quedaron terminados. El séptimo día terminó Dios lo que había hecho, y descansó. Entonces bendijo el séptimo día y lo declaró día sagrado, porque en ese día descansó de todo su trabajo de creación.

GÉNESIS 2:1–3

El Señor dice a su pueblo: «Párense en los caminos y miren, pregunten por los senderos antiguos, dónde está el mejor camino; síganlo y encontrarán descanso.»

JEREMÍAS 6:16

Yo mismo te acompañaré y te haré descansar —dijo el Señor.

ÉXODO 33:14

Se podrá trabajar durante seis días, pero el día séptimo será para ustedes un día sagrado, de completo reposo en honor del Señor. Cualquiera que en ese día trabaje, será condenado a muerte.

ÉXODO 35:2

Bendeciré al Señor, porque él me guía, y en lo íntimo de mi ser me corrige por las noches. Siempre tengo presente al Señor; con él a mi derecha, nada me hará caer. Por eso, dentro de mí, mi corazón está lleno de alegría. Todo mi ser vivirá confiadamente.

SALMOS 16:7–9

Restauración

n.: Acto de restablecer algo o a alguien a
su posición o condición anterior.

Te devolveré la salud, curaré tus heridas, por más que digan tus enemigos: "Sión está abandonada, nadie se preocupa por ella." Yo, el Señor, lo afirmo.

JEREMÍAS 30:17

Habrá una buena cosecha de trigo y gran abundancia de vino y aceite. «Yo les compensaré a ustedes los años que perdieron a causa de la plaga de langostas, de ese ejército destructor que envié contra ustedes. Ustedes comerán hasta quedar satisfechos, y alabarán al Señor su Dios, pues yo hice por ustedes grandes maravillas. Nunca más quedará mi pueblo cubierto de vergüenza.

JOEL 2:24–26

Dios mío, no me abandones aun cuando ya esté yo viejo y canoso, pues aún tengo que hablar de tu gran poder a esta generación y a las futuras. Tu justicia, oh Dios, llega hasta el cielo; tú has hecho grandes cosas; ¡no hay nadie como tú! Aunque me has hecho ver muchas desgracias y aflicciones, me harás vivir de nuevo; me levantarás de lo profundo de la tierra, aumentarás mi grandeza y volverás a consolarme. Yo, por mi parte, cantaré himnos y alabaré tu lealtad al son del arpa y del salterio, Dios mío, Santo de Israel. Mis labios se alegrarán al cantarte, lo mismo que todo mi ser, que tú has salvado.

SALMOS 71:18–23

Oh Dios, ¡haz que volvamos a ser lo que fuimos! ¡Míranos con buenos ojos y estaremos a salvo!

SALMOS 80:3

Sean prudentes y manténganse despiertos, porque su enemigo el diablo, como un león rugiente, anda buscando a quien devorar. Resístanle, firmes en la fe, sabiendo que en todas partes del mundo los hermanos de ustedes están sufriendo las mismas cosas. Pero después que ustedes hayan sufrido por un poco de tiempo, Dios los hará perfectos, firmes, fuertes y seguros. Es el mismo Dios que en su gran amor nos ha llamado a tener parte en su gloria eterna en unión con Jesucristo. A él sea el poder para siempre. Amén.

1 PEDRO 5:8–11

Oh Dios, ¡pon en mí un corazón limpio!, ¡dame un espíritu nuevo y fiel! No me apartes de tu presencia ni me quites tu santo espíritu. Hazme sentir de nuevo el gozo de tu salvación;

sostenme con tu espíritu generoso, para que yo enseñe a los rebeldes tus caminos y los pecadores se vuelvan a ti.

Salmos 51:10–13

Has perdonado la maldad de tu pueblo y todos sus pecados; has calmado por completo tu enojo y tu furor. Dios y Salvador nuestro.

Salmos 85:2–4

Sí, el Señor había hecho grandes cosas por nosotros, y estábamos alegres. ¡Señor, haz que cambie de nuevo nuestra suerte, como cambia el desierto con las lluvias! Los que siembran con lágrimas, cosecharán con gritos de alegría. Aunque lloren mientras llevan el saco de semilla, volverán cantando de alegría, con manojos de trigo entre los brazos.

Salmos 126:3–6

Oh Señor, Dios todopoderoso, ¡haz que volvamos a ser lo que fuimos! ¡Míranos con buenos ojos y estaremos a salvo!

Salmos 80:20

Reverencia

n.: Sentimiento de respeto u honor venerable.

Las ancianas deben portarse con reverencia, y no ser chismosas, ni emborracharse. Deben dar buen ejemplo y enseñar a las jóvenes a amar a sus esposos y a sus hijos, a ser juiciosas, puras, cuidadosas del hogar, bondadosas y sujetas a sus esposos, para que nadie pueda hablar mal del mensaje de Dios.

Tito 2:3–5

Honren a Cristo como Señor en sus corazones. Estén siempre preparados a responder a todo el que les pida razón de la esperanza que ustedes tienen, pero háganlo con humildad y respeto. Pórtense de tal modo que tengan tranquila su conciencia, para que los que hablan mal de su buena conducta como creyentes en Cristo, se avergüencen de sus propias palabras.

1 Pedro 3:15–16

Honren al Señor todos en la tierra; ¡hónrenlo todos los habitantes del mundo! Pues él habló, y todo fue hecho; él ordenó, y todo quedó firme. El Señor hace fracasar por completo los proyectos de los pueblos paganos, pero los proyectos del Señor permanecen firmes para siempre.

Salmos 33:8–11

En aquel tiempo, la voz de Dios hizo temblar la tierra, pero ahora dice: «Una vez más haré temblar no sólo la tierra, sino también el cielo.» Al decir «una vez más», se entiende que se quitarán las cosas creadas, lo que puede ser movido, para que permanezca lo que no puede moverse. El reino que Dios nos da, no puede ser movido. Demos gracias por esto, y adoremos a Dios con la devoción y reverencia que le agradan.

Hebreos 12:26–28

Vengan, adoremos de rodillas; arrodillémonos delante del Señor, pues él nos hizo. Él es nuestro Dios, y nosotros su pueblo; somos ovejas de sus prados.

Salmos 95:6–7

Te ruego, pues, Señor, que atiendas a mi oración y las súplicas de tus siervos, cuyo único deseo es honrarte.

Nehemías 1:11

La enseñanza del Señor es perfecta, porque da nueva vida. El mandato del Señor es fiel, porque hace sabio al hombre sencillo. Los preceptos del Señor son justos, porque traen alegría al corazón. El mandamiento del Señor es puro y llena los ojos de luz. El temor del Señor es limpio y permanece para siempre. Los decretos del Señor son verdaderos, todos ellos son justos, ¡son de más valor que el oro fino!, ¡son más dulces que la miel del panal!

Salmos 19:7–10

Vengan, hijos míos, y escúchenme: voy a enseñarles a honrar al Señor. ¿Quieres vivir mucho tiempo? ¿Quieres gozar de la vida? Pues refrena tu lengua de hablar mal, y nunca digan mentiras tus labios. Aléjate de la maldad, y haz lo bueno; busca la paz, y síguela. El Señor cuida de los hombres honrados y presta oído a sus clamores.

SALMOS 34:11–15

Haz tuyas mis palabras, hijo mío; guarda en tu mente mis mandamientos. Presta oído a la sabiduría; entrega tu mente a la inteligencia. Pide con todas tus fuerzas inteligencia y buen juicio; entrégate por completo a buscarlos, cual si buscaras plata o un tesoro escondido. Entonces sabrás lo que es honrar al Señor; ¡descubrirás lo que es conocer a Dios!

PROVERBIOS 2:1–5

Recompensa

n.: Algo dado u ofrecido a cambio de un servicio.

Yo, el Señor, que investigo el corazón y conozco a fondo los sentimientos; que doy a cada cual lo que se merece, de acuerdo con sus acciones.

JEREMÍAS 17:10

Todo lo que hagan, háganlo de buena gana, como si estuvieran sirviendo al Señor y no a los hombres. Pues ya saben que, en recompensa, el Señor les dará parte en la herencia. Porque ustedes sirven a Cristo.

COLOSENSES 3:23–24

De manera que ni el que siembra ni el que riega son nada, sino que Dios lo es todo, pues él es quien hace crecer lo sembrado. Los que siembran y los que riegan son iguales, aunque Dios pagará a cada uno según su trabajo.

1 CORINTIOS 3:7–8

Sí, vengo pronto, y traigo el premio que voy a dar a cada uno conforme a lo que haya hecho. Yo soy el alfa y la omega, el primero y el último, el principio y el fin.

APOCALIPSIS 22:12–13

Por fe, Moisés, cuando ya fue hombre, no quiso llamarse hijo de la hija del faraón; prefirió ser maltratado junto con el pueblo de Dios, a gozar por un tiempo los placeres del pecado. Consideró de más valor sufrir la deshonra del Mesías que gozar de la riqueza de Egipto; porque tenía la vista puesta en la recompensa que Dios le había de dar.

Hebreos 11:24–26

No es posible agradar a Dios sin tener fe, porque para acercarse a Dios, uno tiene que creer que existe y que recompensa a los que lo buscan.

Hebreos 11:6

El Señor me ha recompensado por mi limpia conducta en su presencia. Tú, Señor, eres fiel con el que es fiel, irreprochable con el que es irreprochable, sincero con el que es sincero.

Salmos 18:24–26

El trabajo de cada cual se verá claramente en el día del juicio; porque ese día vendrá con fuego, y el fuego probará la clase de trabajo que cada uno haya hecho. Si lo que uno construyó es resistente, recibirá su pago.

1 Corintios 3:13–14

El amor consiste en vivir según los mandamientos de Dios, y el mandamiento, como ya lo han oído ustedes desde el principio, es que vivan en el amor. Pues andan por el mundo muchos engañadores que no reconocen que Jesucristo vino como hombre verdadero. El que es así, es el engañador y el Anticristo. Tengan ustedes cuidado, para no perder el resultado de nuestro trabajo, sino recibir su recompensa completa.

2 Juan 1:6–8

Ustedes deben amar a sus enemigos, y hacer bien, y dar prestado sin esperar nada a cambio. Así será grande su recompensa, y ustedes serán hijos del Dios altísimo, que es también bondadoso con los desagradecidos y los malos.

Lucas 6:35

Dichosos ustedes, cuando la gente los insulte y los maltrate, y cuando por causa mía los ataquen con toda clase de mentiras. Alégrense, estén contentos, porque van a recibir un gran premio en el cielo; pues así también persiguieron a los profetas que vivieron antes que ustedes.

MATEO 5:11–12

El que recibe a un profeta por ser profeta, recibirá igual premio que el profeta; y el que recibe a un justo por ser justo, recibirá el mismo premio que el justo. Y cualquiera que le da siquiera un vaso de agua fresca a uno de estos pequeños por ser seguidor mío, les aseguro que tendrá su premio.

MATEO 10:41–42

Riquezas y Posesiones
n.: Bienes que se tienen en algún momento dado.

No amontonen riquezas aquí en la tierra, donde la polilla destruye y las cosas se echan a perder, y donde los ladrones entran a robar. Más bien amontonen riquezas en el cielo, donde la polilla no destruye ni las cosas se echan a perder ni los ladrones entran a robar. Pues donde esté tu riqueza, allí estará también tu corazón.

MATEO 6:19–21

A los que tienen riquezas de esta vida, mándales que no sean orgullosos ni pongan su esperanza en sus riquezas, porque las riquezas no son seguras. Antes bien, que pongan su esperanza en Dios, el cual nos da todas las cosas con abundancia y para nuestro provecho. Mándales que hagan el bien, que se hagan ricos en buenas obras y que estén dispuestos a dar y compartir lo que tienen. Así tendrán riquezas que les proporcionarán una base firme para el futuro, y alcanzarán la vida verdadera.

1 TIMOTEO 6:17–19

Queridos hermanos míos, oigan esto: Dios ha escogido a los que en este mundo son pobres, para que sean ricos en fe y para que reciban como herencia el reino que él ha prometido a los que lo aman.

SANTIAGO 2:5

El hermano de condición humilde debe sentirse orgulloso de ser enaltecido por Dios; y el rico de ser humillado. Porque el rico es como la flor de la hierba, que no permanece. Cuando el sol sale y calienta con fuerza, la hierba se seca, su flor se cae y su belleza se pierde. Así también, el rico desaparecerá en medio de sus negocios.

SANTIAGO 1:9–11

Yo, la sabiduría, habito con la inteligencia, y sé hallar los mejores consejos. Yo doy riquezas y honra, grandes honores y prosperidad.

PROVERBIOS 8:12, 18

No te esfuerces por hacerte rico; deja de preocuparte por eso. Si te fijas bien, verás que no hay riquezas; de pronto se van volando, como águilas, como si les hubieran salido alas.

PROVERBIOS 23:4–5

La bendición del Señor es riqueza que no trae dolores consigo.

PROVERBIOS 10:22

¡Aleluya! Feliz el hombre que honra al Señor y se complace en sus mandatos. Los descendientes del hombre honrado serán bendecidos y tendrán poder en la tierra. En su casa hay abundantes riquezas, y su generosidad es constante.

SALMOS 112:1–3

Dios es tan misericordioso y nos amó con un amor tan grande, que nos dio vida juntamente con Cristo cuando todavía estábamos muertos a causa de nuestros pecados. Por la bondad de Dios han recibido ustedes la salvación. Y en unión con Cristo Jesús nos resucitó, y nos hizo sentar con él en el cielo. Hizo esto para demostrar en los tiempos futuros su generosidad y su bondad para con nosotros en Cristo Jesús.

EFESIOS 2:4–7

"Luego me diré: Amigo, tienes muchas cosas guardadas para muchos años; descansa, come, bebe, goza de la vida." Pero Dios le dijo: "Necio, esta misma noche perderás la vida, y lo que tienes guardado, ¿para quién será?" Así le pasa al hombre que amontona riquezas para sí mismo, pero es pobre delante de Dios.

LUCAS 12:19–21

Más vale ser pobre y honrado que rico y malintencionado.

PROVERBIOS 28:6

Justicia
n.: Proceso y resultado de actuar correctamente;
estado de hacer lo correcto.

Nadie podrá decir que ha cumplido la ley y que Dios debe reconocerlo como justo, ya que la ley solamente sirve para hacernos saber que somos pecadores. Pero ahora, sin la ley, Dios ha mostrado de qué manera nos hace justos, y esto lo confirman la misma ley y los profetas: por medio de la fe en Jesucristo.

ROMANOS 3:20–22

No entreguen su cuerpo al pecado, como instrumento para hacer lo malo. Al contrario, entréguense a Dios, como personas que han muerto y han vuelto a vivir, y entréguenle su cuerpo como instrumento para hacer lo que es justo ante él. Ustedes saben muy bien que si se entregan como esclavos a un amo para obedecerlo, entonces son esclavos de ese amo a quien obedecen. Y esto es así, tanto si obedecen al pecado, lo cual lleva a la muerte, como si obedecen a Dios para vivir en la justicia. Pero gracias a Dios que ustedes, que antes eran esclavos del pecado, ya han obedecido de corazón a la forma de enseñanza que han recibido. Una vez libres de la esclavitud del pecado, ustedes han entrado al servicio de la justicia.

ROMANOS 6:13, 16–18

Pido en mi oración que su amor siga creciendo más y más todavía, y que Dios les dé sabiduría y entendimiento, para que sepan escoger siempre lo mejor. Así podrán vivir una vida limpia, y avanzar sin tropiezos hasta el día en que Cristo vuelva; pues ustedes presentarán una abundante cosecha de buenas acciones gracias a Jesucristo, para honra y gloria de Dios.

FILIPENSES 1:9–11

La rectitud y la justicia reinarán en todos los lugares del país. La justicia producirá paz, tranquilidad y confianza para siempre.

ISAÍAS 32:16–17

Siembren ustedes justicia y recojan cosecha de amor. Preparen la tierra para un nuevo cultivo, porque es tiempo de buscar al Señor, hasta que él venga y traiga lluvia de salvación sobre ustedes.

OSEAS 10:12

Dichosos los que tienen hambre y sed de la justicia, porque serán satisfechos.

MATEO 5:6

Somos embajadores de Cristo, lo cual es como si Dios mismo les rogara a ustedes por medio de nosotros. Así pues, en el nombre de Cristo les rogamos que acepten el reconciliarse con Dios. Cristo no cometió pecado alguno; pero por causa nuestra, Dios lo hizo pecado, para hacernos a nosotros justicia de Dios en Cristo.

2 CORINTIOS 5:20–21

Cristo no cometió ningún pecado ni engañó jamás a nadie. Cuando lo insultaban, no contestaba con insultos; cuando lo hacían sufrir, no amenazaba, sino que se encomendaba a Dios, que juzga con rectitud. Cristo mismo llevó nuestros pecados en su cuerpo sobre la cruz, para que nosotros muramos al pecado y vivamos una vida de rectitud. Cristo fue herido para que ustedes fueran sanados.

1 PEDRO 2:22–24

Si uno se mantiene limpio de esas faltas, será como un objeto precioso, consagrado y útil al Señor, apropiado para cualquier cosa buena. Huye de las pasiones de la juventud, y busca la justicia, la fe, el amor y la paz, junto con todos los que con un corazón limpio invocan al Señor.

2 Timoteo 2:21–22

Los que tienen la sabiduría que viene de Dios, llevan ante todo una vida pura; y además son pacíficos, bondadosos y dóciles. Son también compasivos, imparciales y sinceros, y hacen el bien. Y los que procuran la paz, siembran en paz para recoger como fruto la justicia.

Santiago 3:17–18

Sacrificio

n.: Renunciar a algo por el bien de algo más.

Él hará que la maldad de mis enemigos se vuelva contra ellos mismos. ¡Destrúyelos, Señor, pues tú eres fiel! Yo te ofreceré sacrificios voluntarios y alabaré tu nombre, porque eres bueno, porque me has librado de todas mis angustias y he visto vencidos a mis enemigos.

Salmos 54:6–9

Señor, abre mis labios, y con mis labios te cantaré alabanzas. Pues tú no quieres ofrendas ni holocaustos; yo te los daría, pero no es lo que te agrada. Las ofrendas a Dios son un espíritu dolido; ¡tú no desprecias, oh Dios, un corazón hecho pedazos!

Salmos 51:15–17

Por eso debemos alabar siempre a Dios por medio de Jesucristo. Esta alabanza es el sacrificio que debemos ofrecer. ¡Alabémoslo, pues, con nuestros labios! No se olviden ustedes de hacer el bien y de compartir con otros lo que tienen; porque éstos son los sacrificios que agradan a Dios.

Hebreos 13:15–16

Por eso puede salvar para siempre a los que se acercan a Dios por medio de él, pues vive para siempre, para rogar a Dios por ellos. Así pues, Jesús es precisamente el Sumo sacerdote que necesitábamos. Él es santo, sin maldad y sin mancha, apartado de los pecadores y puesto más alto que el cielo. No es como los otros sumos sacerdotes, que tienen que matar animales y ofrecerlos cada día en sacrificio, primero por sus propios pecados y luego por los pecados del pueblo. Por el contrario, Jesús ofreció el sacrificio una sola vez y para siempre, cuando se ofreció a sí mismo. La ley de Moisés nombra como Sumos sacerdotes a hombres imperfectos; pero el juramento de Dios, que fue hecho después de la ley, nombra sumo sacerdote a su Hijo, quien ha sido hecho perfecto para siempre.

HEBREOS 7:25-28

¡Guarden silencio en presencia del Señor, porque el día del Señor está cerca! ¡El Señor ha dispuesto un sacrificio y ha consagrado a sus invitados!

SOFONÍAS 1:7

Al hombre le parece bien todo lo que hace, pero el Señor es quien juzga las intenciones. Practica la rectitud y la justicia, pues Dios prefiere eso a los sacrificios.

PROVERBIOS 21:2-3

Acérquense, pues, al Señor, la piedra viva que los hombres desecharon, pero que para Dios es una piedra escogida y de mucho valor. De esta manera, Dios hará de ustedes, como de piedras vivas, un templo espiritual, un sacerdocio santo, que por medio de Jesucristo ofrezca sacrificios espirituales, agradables a Dios.

1 PEDRO 2:4-5

Hermanos míos, les ruego por la misericordia de Dios que se presenten ustedes mismos como ofrenda viva, santa y agradable a Dios. Éste es el verdadero culto que deben ofrecer. No vivan ya según los criterios del tiempo presente; al contrario, cambien su manera de pensar para que así cambie su manera de vivir y lleguen a conocer la voluntad de Dios, es decir, lo que es bueno, lo que le es grato, lo que es perfecto.

ROMANOS 12:1–2

Todos los que por causa mía hayan dejado casa, o hermanos, o hermanas, o padre, o madre, o hijos, o terrenos, recibirán cien veces más, y también recibirán la vida eterna.

MATEO 19:29

Más le agrada al Señor que se le obedezca, y no que se le ofrezcan sacrificios y holocaustos.

1 SAMUEL 15:22

El maestro de la ley le dijo:
—Muy bien, Maestro. Es verdad lo que dices: hay un solo Dios, y no hay otro fuera de él. Y amar a Dios con todo el corazón, con todo el entendimiento y con todas las fuerzas, y amar al prójimo como a uno mismo, vale más que todos los holocaustos y todos los sacrificios que se queman en el altar.

MARCOS 12:32–33

Traten a todos con amor, de la misma manera que Cristo nos amó y se entregó por nosotros, como ofrenda y sacrificio de olor agradable a Dios.

EFESIOS 5:2

Salvación
n.: Condición de estar libre del pecado y sus sanciones, y de estar preservado de la destrucción o el fracaso.

En todo esto tengan en cuenta el tiempo en que vivimos, y sepan que ya es hora de despertarnos del sueño. Porque nuestra salvación está más cerca ahora que al principio, cuando creímos en el mensaje. La noche está muy avanzada, y se acerca el día; por eso dejemos de hacer las cosas propias de la oscuridad y revistámonos de luz, como un soldado se reviste de su armadura.

Actuemos con decencia, como en pleno día. No andemos en banquetes y borracheras, ni en inmoralidades y vicios, ni en discordias y envidias. Al contrario, revístanse ustedes del Señor Jesucristo, y no busquen satisfacer los malos deseos de la naturaleza humana.

Romanos 13:11–14

Los mandamientos que Dios dio en otros tiempos por medio de los ángeles, tenían fuerza de ley, y quienes pecaron y los desobedecieron fueron castigados justamente. ¿Cómo, pues, escaparemos nosotros, si descuidamos una salvación tan grande? Pues el mismo Señor fue quien anunció primero esta salvación, la cual después confirmaron entre nosotros los que oyeron ese mensaje. Además, Dios la ha confirmado con señales, maravillas y muchos milagros, y por medio del Espíritu Santo, que nos ha dado de diferentes maneras, conforme a su voluntad. Dios no ha puesto bajo la autoridad de los ángeles ese mundo futuro del cual estamos hablando.

Hebreos 2:2–5

Nosotros, que somos del día, debemos estar siempre en nuestro sano juicio. Debemos protegernos, como con una coraza, con la fe y el amor, y cubrirnos, como con un casco, con la esperanza de la salvación. Porque Dios no nos destinó a recibir el castigo, sino a alcanzar la salvación por medio de nuestro Señor Jesucristo. Jesucristo murió por nosotros, para que, ya sea que sigamos despiertos o que nos durmamos con el sueño de la muerte, vivamos juntamente con él. Por eso, anímense y fortalézcanse unos a otros, tal como ya lo están haciendo.

1 Tesalonicenses 5:8–11

Mis queridos hermanos, así como ustedes me han obedecido siempre, y no sólo cuando he estado entre ustedes, obedézcanme más ahora que estoy lejos. Hagan efectiva su propia salvación con profunda reverencia; pues Dios, según su bondadosa determinación, es quien hace nacer en ustedes los buenos deseos y quien los ayuda a llevarlos a cabo. Háganlo todo sin murmuraciones ni discusiones, para que nadie encuentre en ustedes culpa ni falta alguna, y sean hijos de Dios sin mancha en medio de esta gente mala y perversa. Entre ellos brillan ustedes como estrellas en el mundo.

FILIPENSES 2:12–15

Despójense de toda clase de maldad, todo engaño, hipocresía y envidia, y toda clase de chismes. Como niños recién nacidos, busquen con ansia la leche espiritual pura, para que por medio de ella crezcan y tengan salvación, ya que han gustado la bondad del Señor.

1 PEDRO 2:1–3

Les rogamos a ustedes que no desaprovechen la bondad que Dios les ha mostrado. Porque él dice en las Escrituras: «En el momento oportuno te escuché; en el día de la salvación te ayudé.» Y ahora es el momento oportuno. ¡Ahora es el día de la salvación!

2 CORINTIOS 6:1–2

Mi canto es al Señor, quien es mi fuerza y salvación. Él es mi Dios, y he de alabarlo; es el Dios de mi padre, y he de enaltecerlo.

ÉXODO 15:2

Sólo en Dios encuentro paz; mi salvación viene de él. Sólo él me salva y me protege. No caeré, porque él es mi refugio.

SALMOS 62:1–2

Al perfeccionarse de esa manera, llegó a ser fuente de salvación eterna para todos los que lo obedecen.

HEBREOS 5:9

La ayuda a los hombres buenos viene del Señor, que es su refugio en tiempos difíciles. El Señor los ayuda a escapar. Los hace escapar de los malvados, y los salva.

SALMOS 37:39–40

Escrituras

n.: Totalidad de la Biblia o un pasaje bíblico particular.

Recuerda que desde niño conoces las sagradas Escrituras, que pueden instruirte y llevarte a la salvación por medio de la fe en Cristo Jesús. Toda Escritura está inspirada por Dios y es útil para enseñar y reprender, para corregir y educar en una vida de rectitud, para que el hombre de Dios esté capacitado y completamente preparado para hacer toda clase de bien.

2 Timoteo 3:15–17

La palabra de Dios tiene vida y poder. Es más cortante que cualquier espada de dos filos, y penetra hasta lo más profundo del alma y del espíritu, hasta lo más íntimo de la persona; y somete a juicio los pensamientos y las intenciones del corazón.

Hebreos 4:12

Todo lo que antes se dijo en las Escrituras, se escribió para nuestra instrucción, para que con constancia y con el consuelo que de ellas recibimos, tengamos esperanza.

Romanos 15:4

Luego [Jesús] les dijo:
—Lo que me ha pasado es aquello que les anuncié cuando estaba todavía con ustedes: que había de cumplirse todo lo que está escrito de mí en la ley de Moisés, en los libros de los profetas y en los salmos.
Entonces hizo que entendieran las Escrituras, y les dijo:
—Está escrito que el Mesías tenía que morir, y resucitar al tercer día, y que en su nombre se anunciará a todas las naciones que se vuelvan a Dios, para que él les perdone sus pecados. Comenzando desde Jerusalén.

Lucas 24:44–47

El cielo y la tierra dejarán de existir, pero mis palabras no dejarán de cumplirse.

Marcos 13:31

Él [Jesús] contestó:

—¡Dichosos más bien quienes escuchan lo que Dios dice, y lo obedecen!

LUCAS 11:28

Acepten humildemente el mensaje que ha sido sembrado; pues ese mensaje tiene poder para salvarlos. Pero no basta con oír el mensaje; hay que ponerlo en práctica, pues de lo contrario se estarían engañando ustedes mismos. El que solamente oye el mensaje, y no lo practica, es como el hombre que se mira la cara en un espejo: se ve a sí mismo, pero en cuanto da la vuelta se olvida de cómo es. Pero el que no olvida lo que oye, sino que se fija atentamente en la ley perfecta de la libertad, y permanece firme cumpliendo lo que ella manda, será feliz en lo que hace.

SANTIAGO 1:21–25

Según lo que dice la Escritura, todos son prisioneros del pecado, para que quienes creen en Jesucristo puedan recibir lo que Dios ha prometido.

GÁLATAS 3:22

Ustedes han vuelto a nacer, y esta vez no de padres humanos y mortales, sino de la palabra de Dios, que es viva y permanente. Porque la Escritura dice: «Todo hombre es como hierba, y su grandeza es como la flor de la hierba. La hierba se seca y la flor se cae, pero la palabra del Señor permanece para siempre.» Y esta palabra es el evangelio que se les ha anunciado a ustedes.

1 PEDRO 1:23–25

Ésta es la revelación que Dios hizo a Jesucristo, para que él mostrara a sus siervos lo que pronto ha de suceder. Jesucristo lo ha dado a conocer enviando su ángel a su siervo Juan, el cual ha dicho la verdad de todo lo que vio, y es testigo del mensaje de Dios confirmado por Jesucristo. Dichoso el que lee y dichosos los que escuchan la lectura de este mensaje profético, y hacen caso de lo que aquí está escrito, porque ya se acerca el tiempo.

APOCALIPSIS 1:1–3

Buscar a Dios

v.: Anhelar activamente relacionarse con Dios;
luchar por conocerlo en un nivel personal.

Ustedes me invocarán, y vendrán a mí en oración y yo los escucharé. Me buscarán y me encontrarán, porque me buscarán de todo corazón.

JEREMÍAS 29:12–13

El corazón me dice: «Busca la presencia del Señor.» Y yo, Señor, busco tu presencia. ¡No te escondas de mí! ¡No me rechaces con ira! ¡Mi única ayuda eres tú! No me dejes solo y sin amparo, pues tú eres mi Dios y salvador. Aunque mi padre y mi madre me abandonen, tú, Señor, te harás cargo de mí.

SALMOS 27:8–10

¿Cómo podrá el joven llevar una vida limpia? ¡Viviendo de acuerdo con tu palabra! Yo te busco de todo corazón; no dejes que me aparte de tus mandamientos.

SALMOS 119:9–10

Busquen al Señor mientras puedan encontrarlo, llámenlo mientras está cerca. Que el malvado deje su camino, que el perverso deje sus ideas; vuélvanse al Señor, y él tendrá compasión de ustedes; vuélvanse a nuestro Dios, que es generoso para perdonar.

ISAÍAS 55:6–7

Reconoce al Dios de tu padre y sírvele de todo corazón y con buena disposición, porque el Señor examina todas las conciencias y distingue cualquier intención y pensamiento. Así que, si tú lo buscas, él permitirá que lo encuentres.

1 CRÓNICAS 28:9

Siembren ustedes justicia y recojan cosecha de amor. Preparen la tierra para un nuevo cultivo, porque es tiempo de buscar al Señor, hasta que él venga y traiga lluvia de salvación sobre ustedes.

OSEAS 10:12

¡Den gracias al Señor! ¡Proclamen su nombre! Cuenten a los pueblos sus acciones. Canten himnos en su honor. ¡Hablen de sus grandes hechos! Siéntanse orgullosos de su santo nombre. ¡Siéntase alegre el corazón de los que buscan al Señor! Recurran al Señor, y a su poder; recurran al Señor en todo tiempo.

SALMOS 105:1–4

No es posible agradar a Dios sin tener fe, porque para acercarse a Dios, uno tiene que creer que existe y que recompensa a los que lo buscan.

HEBREOS 11:6

¡Siéntase alegre el corazón de los que buscan al Señor! Recurran al Señor, y a su poder; recurran al Señor en todo tiempo. Recuerden sus obras grandes y maravillosas, y los decretos que ha pronunciado.

1 CRÓNICAS 16:10–12

Si allí buscan al Señor su Dios con todo su corazón y con toda su alma, lo encontrarán.

DEUTERONOMIO 4:29

El que tiene las manos y la mente limpias de todo pecado; el que no adora ídolos ni hace juramentos falsos. El Señor, su Dios y Salvador, lo bendecirá y le hará justicia. Así deben ser los que buscan al Señor, los que buscan la presencia del Dios de Jacob.

SALMOS 24:4–6

Si mi pueblo, el pueblo que lleva mi nombre, se humilla, ora, me busca y deja su mala conducta, yo lo escucharé desde el cielo, perdonaré sus pecados y devolveré la prosperidad a su país.

2 CRÓNICAS 7:14

Señor, los que te conocen, confían en ti, pues nunca abandonas a quienes te buscan.

SALMOS 9:10

Dominio propio

n.: Habilidad para controlar acciones,
pensamientos y palabras.

Ya se acerca el fin de todas las cosas. Por eso, sean ustedes juiciosos y dedíquense seriamente a la oración. Haya sobre todo mucho amor entre ustedes, porque el amor perdona muchos pecados.

1 Pedro 4:7–8

Por eso no debemos dormir como los otros, sino mantenernos despiertos y en nuestro sano juicio. Los que duermen, duermen de noche, y los que se emborrachan, se emborrachan de noche; pero nosotros, que somos del día, debemos estar siempre en nuestro sano juicio. Debemos protegernos, como con una coraza, con la fe y el amor, y cubrirnos, como con un casco, con la esperanza de la salvación.

1 Tesalonicenses 5:6–8

Lo que el Espíritu produce es amor, alegría, paz, paciencia, amabilidad, bondad, fidelidad, humildad y dominio propio. Contra tales cosas no hay ley. Y los que son de Cristo Jesús, ya han crucificado la naturaleza del hombre pecador junto con sus pasiones y malos deseos. Si ahora vivimos por el Espíritu, dejemos también que el Espíritu nos guíe.

Gálatas 5:22–25

Ustedes no han pasado por ninguna prueba que no sea humanamente soportable. Y pueden ustedes confiar en Dios, que no los dejará sufrir pruebas más duras de lo que pueden soportar. Por el contrario, cuando llegue la prueba, Dios les dará también la manera de salir de ella, para que puedan soportarla.

1 Corintios 10:13

Estén preparados y usen de su buen juicio. Pongan toda su esperanza en lo que Dios en su bondad les va a dar cuando Jesucristo aparezca. Como hijos obedientes, no vivan conforme a los deseos que tenían antes de conocer a Dios. Al contrario, vivan de una manera completamente santa, porque Dios, que los llamó, es santo; pues la Escritura dice: «Sean ustedes santos, porque yo soy santo.»

1 Pedro 1:13–16

Manténganse despiertos y oren, para que no caigan en tentación. Ustedes tienen buena voluntad, pero son débiles.

Mateo 26:41

Dios, por su poder, nos ha concedido todo lo que necesitamos para la vida y la devoción, al hacernos conocer a aquel que nos llamó por su propia grandeza y sus obras maravillosas. Por medio de estas cosas nos ha dado sus promesas, que son muy grandes y de mucho valor, para que por ellas lleguen ustedes a tener parte en la naturaleza de Dios y escapen de la corrupción que los malos deseos han traído al mundo. Y por esto deben esforzarse en añadir a su fe la buena conducta; a la buena conducta, el entendimiento; al entendimiento, el dominio propio; al dominio propio, la paciencia; a la paciencia, la devoción; a la devoción, el afecto fraternal; y al afecto fraternal, el amor. Si ustedes poseen estas cosas y las desarrollan, ni su vida será inútil ni habrán conocido en vano a nuestro Señor Jesucristo.

2 Pedro 1:3–8

Lo que digas debe estar siempre de acuerdo con la sana enseñanza. Los ancianos deben ser serios, respetables y de buen juicio; sanos en su fe, en su amor y en su fortaleza para soportar el sufrimiento. Igualmente, las ancianas deben portarse con reverencia, y no ser chismosas, ni emborracharse. Deben dar buen ejemplo y enseñar a las jóvenes a amar a sus esposos y a sus hijos, a ser juiciosas, puras, cuidadosas del hogar, bondadosas y sujetas a sus esposos, para que nadie pueda hablar mal del mensaje de Dios. Anima igualmente a los jóvenes a ser juiciosos en todo, y dales tú mismo ejemplo de cómo hacer el bien. Al enseñarles, hazlo con toda pureza y dignidad, hablando de una manera sana, que nadie pueda condenar. Así sentirá vergüenza cualquiera que se ponga en contra, pues no podrá decir nada malo de nosotros.

Tito 2:1–8

Disposición de servir

n.: Capacidad de someterse a otros con el
fin del servicio bueno y sacrificial.

¿Qué pide de ustedes el Señor su Dios? Solamente que lo honren y sigan todos sus caminos; que lo amen y lo adoren con todo su corazón y con toda su alma, y que cumplan sus mandamientos y sus leyes, para que les vaya bien.

Deuteronomio 10:12–13

Después de lavarles los pies, Jesús volvió a ponerse la capa, se sentó otra vez a la mesa y les dijo:

—¿Entienden ustedes lo que les he hecho? Ustedes me llaman Maestro y Señor, y tienen razón, porque lo soy. Pues si yo, el Maestro y Señor, les he lavado a ustedes los pies, también ustedes deben lavarse los pies unos a otros. Yo les he dado un ejemplo, para que ustedes hagan lo mismo que yo les he hecho. Les aseguro que ningún servidor es más que su señor, y que ningún enviado es más que el que lo envía.

Juan 13:12–16

Ustedes son mis amigos, si hacen lo que yo les mando. Ya no los llamo siervos, porque el siervo no sabe lo que hace su amo. Los llamo mis amigos, porque les he dado a conocer todo lo que mi Padre me ha dicho.

Juan 15:14–15

Sigan y honren sólo al Señor su Dios; cumplan sus mandamientos, escuchen su voz y ríndanle culto; vivan unidos a él.

Deuteronomio 13:4

El más importante entre ustedes tiene que hacerse como el más joven, y el que manda tiene que hacerse como el que sirve. Pues ¿quién es más importante, el que se sienta a la mesa a comer o el que sirve? ¿Acaso no lo es el que se sienta a la mesa? En cambio yo estoy entre ustedes como el que sirve. Ustedes han estado siempre conmigo en mis pruebas. Por eso, yo les doy un reino, como mi Padre me lo dio a mí, y ustedes comerán y beberán a mi mesa en mi reino, y se sentarán en tronos para juzgar a las doce tribus de Israel.

LUCAS 22:26–30

Cuando alguien hable, sean sus palabras como palabras de Dios. Cuando alguien preste algún servicio, préstelo con las fuerzas que Dios le da. Todo lo que hagan, háganlo para que Dios sea alabado por medio de Jesucristo, a quien pertenece la gloria y el poder para siempre. Amén.

1 PEDRO 4:11

Tengan unos con otros la manera de pensar propia de quien está unido a Cristo Jesús, el cual: Aunque existía con el mismo ser de Dios, no se aferró a su igualdad con él, sino que renunció a lo que era suyo y tomó naturaleza de siervo. Haciéndose como todos los hombres y presentándose como un hombre cualquiera, se humilló a sí mismo, haciéndose obediente hasta la muerte, hasta la muerte en la cruz. Por eso Dios le dio el más alto honor y el más excelente de todos los nombres, para que, ante ese nombre concedido a Jesús, doblen todos las rodillas en el cielo, en la tierra y debajo de la tierra.

FILIPENSES 2:5–10

El que quiera ser grande entre ustedes, deberá servir a los demás, y el que entre ustedes quiera ser el primero, deberá ser el esclavo de los demás. Porque ni aun el Hijo del hombre vino para que le sirvan, sino para servir y dar su vida en rescate por una multitud.

MARCOS 10:43–45

Pecado

n.: Ofensa contra la ley moral según la
define un Dios santo y justo.

Tú, Dios nuestro, eres bueno y fiel, eres paciente y todo lo gobiernas con misericordia. Aunque pequemos, somos tuyos y
reconocemos tu poder; pero no pecaremos, sabiendo que nos
consideras tuyos. Conocerte a ti es rectitud perfecta, y reconocer
tu poder es la raíz de la inmortalidad.

SABIDURÍA 15:1–3

Si decimos que no tenemos pecado, nos engañamos a nosotros
mismos y no hay verdad en nosotros; pero si confesamos nuestros pecados, podemos confiar en que Dios, que es justo, nos
perdonará nuestros pecados y nos limpiará de toda maldad.

1 JUAN 1:8–9

No dejen ustedes que el pecado siga dominando en su cuerpo
mortal y que los siga obligando a obedecer los deseos del cuerpo. No entreguen su cuerpo al pecado, como instrumento para
hacer lo malo. Al contrario, entréguense a Dios, como personas
que han muerto y han vuelto a vivir, y entréguenle su cuerpo
como instrumento para hacer lo que es justo ante él. Así el pecado ya no tendrá poder sobre ustedes, pues no están sujetos a
la ley sino a la bondad de Dios.

ROMANOS 6:12–14

Hijitos míos, les escribo estas cosas para que no cometan pecado. Aunque si alguno comete pecado, tenemos ante el Padre un
defensor, que es Jesucristo, y él es justo. Jesucristo se ofreció en
sacrificio para que nuestros pecados sean perdonados; y no sólo
los nuestros, sino los de todo el mundo.

1 JUAN 2:1–2

He guardado tus palabras en mi corazón para no pecar contra ti.
¡Bendito tú, Señor! ¡Enséñame tus leyes!

SALMOS 119:11–12

Hermanos, si ven que alguien ha caído en algún pecado, ustedes que son espirituales deben ayudarlo a corregirse. Pero háganlo amablemente; y que cada cual tenga mucho cuidado, no suceda que él también sea puesto a prueba. Ayúdense entre sí a soportar las cargas, y de esa manera cumplirán la ley de Cristo.

GÁLATAS 6:1-2

Fijemos nuestra mirada en Jesús, pues de él procede nuestra fe y él es quien la perfecciona. Jesús soportó la cruz, sin hacer caso de lo vergonzoso de esa muerte, porque sabía que después del sufrimiento tendría gozo y alegría; y se sentó a la derecha del trono de Dios. Por lo tanto, mediten en el ejemplo de Jesús, que sufrió tanta contradicción de parte de los pecadores; por eso, no se cansen ni se desanimen. Pues ustedes aún no han tenido que llegar hasta la muerte en su lucha contra el pecado.

HEBREOS 12:2-4

Juan vio a Jesús, que se acercaba a él, y dijo: «¡Miren, ése es el Cordero de Dios, que quita el pecado del mundo!»

JUAN 1:29

Si tu hermano peca, repréndelo; pero si cambia de actitud, perdónalo. Aunque peque contra ti siete veces en un día, si siete veces viene a decirte: "No lo volveré a hacer", debes perdonarlo.

LUCAS 17:3-4

Feliz el hombre a quien sus culpas y pecados le han sido perdonados por completo. Feliz el hombre que no es mal intencionado y a quien el Señor no acusa de falta alguna.

SALMOS 32:1-2

Purifícame con hisopo, y quedaré limpio; lávame, y quedaré más blanco que la nieve. Lléname de gozo y alegría; alégrame de nuevo, aunque me has quebrantado. Aleja de tu vista mis pecados y borra todas mis maldades. Oh Dios, ¡pon en mí un corazón limpio!, ¡dame un espíritu nuevo y fiel!

SALMOS 51:7-10

Sed espiritual

n.: Anhelo profundo e irresistible de entender asuntos espirituales y de conocer a Dios en una manera personal.

Como ciervo sediento en busca de un río, así, Dios mío, te busco a ti. Tengo sed de Dios, del Dios de la vida. ¿Cuándo volveré a presentarme ante Dios? Día y noche, mis lágrimas son mi alimento, mientras a todas horas me preguntan: «¿Dónde está tu Dios?» Cuando pienso en estas cosas, doy rienda suelta a mi dolor. De día el Señor me envía su amor, y de noche no cesa mi canto ni mi oración al Dios de mi vida.

Salmos 42:1–4, 8

Hacia ti tiendo las manos, sediento de ti, cual tierra seca. Señor, ¡respóndeme pronto, pues ya se me acaba el aliento! No me niegues tu ayuda, porque entonces seré como los muertos. Por la mañana hazme saber de tu amor, porque en ti he puesto mi confianza. Hazme saber cuál debe ser mi conducta, porque a ti dirijo mis anhelos.

Salmos 143:6–8

Tenían hambre y sed, ¡estaban a punto de morir! Pero en su angustia clamaron al Señor, y él los libró de la aflicción. Después los puso en el buen camino hacia una ciudad donde vivir. Den gracias al Señor por su amor, ¡por lo que hace en favor de los hombres! Pues él apaga la sed del sediento y da abundante comida al hambriento.

Salmos 107:5–9

Dichosos los que tienen hambre y sed de la justicia, porque serán satisfechos.

Mateo 5:6

¡Dios mío, tú eres mi Dios! Con ansias te busco, pues tengo sed de ti; mi ser entero te desea, cual tierra árida, sedienta, sin agua. ¡Quiero verte en tu santuario, y contemplar tu poder y tu gloria, pues tu amor vale más que la vida! Con mis labios te alabaré; toda mi vida te bendeciré, y a ti levantaré mis manos en oración.

SALMOS 63:1–4

El que estaba sentado en el trono dijo: «Yo hago nuevas todas las cosas.» Y también dijo: «Escribe, porque estas palabras son verdaderas y dignas de confianza.» Después me dijo: «Ya está hecho. Yo soy el alfa y la omega, el principio y el fin. Al que tenga sed le daré a beber del manantial del agua de la vida, sin que le cueste nada.

APOCALIPSIS 21:5–6

El Señor dice: «Vino el momento de mostrar mi bondad, y te respondí; llegó el día de la salvación, y te ayudé. Yo te protegí para establecer por ti mi alianza con el pueblo, para reconstruir el país, para hacer que tomen posesión de las tierras arrasadas, para decir a los presos: "Queden libres", y a los que están en la oscuridad: "Déjense ver." Junto a todos los caminos encontrarán pastos, y en cualquier monte desierto tendrán alimento para su ganado. «No tendrán hambre ni sed, ni los molestará el sol ni el calor, porque yo los amo y los guío, y los llevaré a manantiales de agua.

ISAÍAS 49:8–10

Mayordomía y Diezmos
n.: Cuidadosa y responsable administración
de algo confiado al cuidado de alguien.

Como buenos administradores de los diferentes dones de Dios, cada uno de ustedes sirva a los demás según lo que haya recibido. Cuando alguien hable, sean sus palabras como palabras de Dios. Cuando alguien preste algún servicio, préstelo con las fuerzas que Dios le da. Todo lo que hagan, háganlo para que Dios sea alabado por medio de Jesucristo, a quien pertenece la gloria y el poder para siempre. Amén.

1 PEDRO 4:10–11

Traigan su diezmo al tesoro del templo, y así habrá alimentos en mi casa. Pónganme a prueba en eso, a ver si no les abro las ventanas del cielo para vaciar sobre ustedes la más rica bendición. No dejaré que las plagas destruyan sus cosechas y sus viñedos. Todas las naciones les llamarán dichosos, porque ustedes tendrán un país encantador. Yo, el Señor todopoderoso, lo he dicho.

MALAQUÍAS 3:10–12

Honra al Señor con tus riquezas y con los primeros frutos de tus cosechas; así se llenarán a reventar tus graneros y tus depósitos de vino.

PROVERBIOS 3:9–10

El hombre de bien presta con generosidad y maneja con honradez sus negocios; por eso jamás llegará a caer. ¡El hombre justo será siempre recordado! No tiene miedo de malas noticias; su corazón está firme, confiado en el Señor.

SALMOS 112:5–7

Ustedes deben considerarnos simplemente como ayudantes de Cristo, encargados de enseñar los designios secretos de Dios. Ahora bien, el que recibe un encargo debe demostrar que es digno de confianza.

1 CORINTIOS 4:1–2

Dijo el Señor: «¿Quién es el mayordomo fiel y atento, a quien su amo deja encargado de los de su casa, para darles de comer a su debido tiempo? Dichoso el criado a quien su amo, cuando llega, lo encuentra cumpliendo con su deber. De veras les digo que el amo lo pondrá como encargado de todos sus bienes.»

LUCAS 12:42–44

Haya sobre todo mucho amor entre ustedes, porque el amor perdona muchos pecados. Recíbanse unos a otros en sus casas, sin murmurar de nadie. Como buenos administradores de los diferentes dones de Dios, cada uno de ustedes sirva a los demás según lo que haya recibido.

1 PEDRO 4:8–10

Muy bien, eres un empleado bueno y fiel; ya que fuiste fiel en lo poco, te pondré a cargo de mucho más. Entra y alégrate conmigo.

MATEO 25:21

Cada año, sin falta, deberán ustedes apartar la décima parte de todo el grano que cosechen. De esa décima parte de trigo, de vino y de aceite, y de las primeras crías de sus vacas y ovejas, comerán ustedes delante del Señor su Dios, en el lugar que él escoja como residencia de su nombre, para que aprendan a reverenciar siempre al Señor.

DEUTERONOMIO 14:22–23

En cuanto a la colecta para los del pueblo santo, ... los domingos, cada uno de ustedes debe apartar algo, según lo que haya ganado, y guardarlo para que cuando yo llegue no se tengan que hacer colectas.

1 CORINTIOS 16:1–2

Fortaleza

n.: Estado de ser mental y físicamente fuerte y resistente.

Les dijo Esdras: «Vayan y coman de lo mejor, beban vino dulce e inviten a quienes no tengan nada preparado, porque hoy es un día dedicado a nuestro Señor. No estén tristes, porque la alegría del Señor es nuestro refugio.»

NEHEMÍAS 8:10

Tú, Señor, eres mi fuerza; ¡yo te amo! Tú eres mi protector, mi lugar de refugio, mi libertador, mi Dios, la roca que me protege, mi escudo, el poder que me salva, mi más alto escondite.

SALMOS 18:1–2

El Señor es mi poderoso protector; en él confié plenamente, y él me ayudó. Mi corazón está alegre; cantaré y daré gracias al Señor. El Señor es la fuerza de su pueblo; es ayuda y refugio de su rey escogido.

SALMOS 28:7–8

En cuanto a mí, te cantaré por la mañana; anunciaré a voz en cuello tu amor y tu poder. Pues tú has sido mi protección, mi refugio en momentos de angustia. A ti cantaré himnos, Dios mío, pues tú eres mi fortaleza y protección; ¡tú eres el Dios que me ama!

SALMOS 59:16–17

¡Felices los que viven en tu templo y te alaban sin cesar! ¡Felices los que en ti encuentran ayuda, los que desean peregrinar hasta tu monte! Cuando pasen por el valle de las Lágrimas lo convertirán en manantial, y aun la lluvia lo llenará de bendiciones; irán sus fuerzas en aumento, y en Sión verán al Dios supremo.

SALMOS 84:4–7

Por esto nosotros, desde el día que lo supimos, no hemos dejado de orar por ustedes y de pedir a Dios que los haga conocer plenamente su voluntad y les dé toda clase de sabiduría y entendimiento espiritual. Así podrán portarse como deben hacerlo los que son del Señor, haciendo siempre lo que a él le agrada, dando frutos de toda clase de buenas obras y creciendo en el conocimiento de Dios. Pedimos que él, con su glorioso poder, los haga fuertes; así podrán ustedes soportarlo todo con mucha fortaleza y paciencia, y con alegría.

COLOSENSES 1:9–11

Él da fuerzas al cansado, y al débil le aumenta su vigor. Hasta los jóvenes pueden cansarse y fatigarse, hasta los más fuertes llegan a caer, pero los que confían en el Señor tendrán siempre nuevas fuerzas y podrán volar como las águilas; podrán correr sin cansarse y caminar sin fatigarse.

ISAÍAS 40:29–31

No tengas miedo, pues yo estoy contigo; no temas, pues yo soy tu Dios. Yo te doy fuerzas, yo te ayudo, yo te sostengo con mi mano victoriosa. Todos los que te odian quedarán avergonzados y humillados; los que luchan contra ti quedarán completamente exterminados. Buscarás a tus enemigos y no los encontrarás; los que te hacen la guerra serán como si no existieran. Porque yo, el Señor tu Dios, te he tomado de la mano; yo te he dicho: "No tengas miedo, yo te ayudo."

ISAÍAS 41:10–13

¡Tuyos son, Señor, la grandeza, el poder, la gloria, el dominio y la majestad! Porque todo lo que hay en el cielo y en la tierra es tuyo. Tuyo es también el reino, pues tú, Señor, eres superior a todos. De ti vienen las riquezas y la honra. Tú lo gobiernas todo. La fuerza y el poder están en tu mano, y en tu mano está también el dar grandeza y poder a todos. Por eso, Dios nuestro, te damos ahora gracias y alabamos tu glorioso nombre; pues, ¿quién soy yo y qué es mi pueblo para que seamos capaces de ofrecerte tantas cosas? En realidad, todo viene de ti y sólo te damos lo que de ti hemos recibido.

1 CRÓNICAS 29:11–14

Cantaré en honor del Señor, que tuvo un triunfo maravilloso al hundir en el mar caballos y jinetes. Mi canto es al Señor, quien es mi fuerza y salvación. Él es mi Dios, y he de alabarlo; es el Dios de mi padre, y he de enaltecerlo.

ÉXODO 15:1–2

Sufrimiento

n.: Estado o experiencia de sentir o soportar dolor.

Porque es cosa agradable a Dios que uno soporte sufrimientos injustamente, por sentido de responsabilidad delante de él. Pues si a ustedes los castigan por haber hecho algo malo, ¿qué mérito tendrá que lo soporten con paciencia? Pero si sufren por haber hecho el bien, y soportan con paciencia el sufrimiento, eso es agradable a Dios. Pues para esto los llamó Dios, ya que Cristo sufrió por ustedes, dándoles un ejemplo para que sigan sus pasos. Cristo no cometió ningún pecado ni engañó jamás a nadie. Cuando lo insultaban, no contestaba con insultos; cuando lo hacían sufrir, no amenazaba, sino que se encomendaba a Dios, que juzga con rectitud.

1 PEDRO 2:19–23

Aunque llenos de problemas, no estamos sin salida; tenemos preocupaciones, pero no nos desesperamos. Nos persiguen, pero no estamos abandonados; nos derriban, pero no nos destruyen. Dondequiera que vamos, llevamos siempre en nuestro cuerpo la muerte de Jesús, para que también su vida se muestre en nosotros.

2 CORINTIOS 4:8–10

Aún más, a nada le concedo valor si lo comparo con el bien supremo de conocer a Cristo Jesús, mi Señor. Por causa de Cristo lo he perdido todo, y todo lo considero basura a cambio de ganarlo a él y encontrarme unido a él; no con una justicia propia, adquirida por medio de la ley, sino con la justicia que se adquiere por la fe en Cristo, la que da Dios con base en la fe. Lo que quiero es conocer a Cristo, sentir en mí el poder de su resurrección y la solidaridad en sus sufrimientos; haciéndome semejante a él en su muerte.

FILIPENSES 3:8–10

Esto es muy cierto: Si hemos muerto con él, también viviremos con él; si sufrimos con valor, tendremos parte en su reino; si le negamos, también él nos negará.

2 TIMOTEO 2:11–12

Recuerda la palabra que diste a este siervo tuyo: en ella me hiciste poner la esperanza. Éste es mi consuelo en la tristeza: que con tus promesas me das vida. Los insolentes me ofenden sin cesar, pero yo no me aparto de tu enseñanza. Recuerdo tus decretos de otros tiempos, y en ellos, Señor, encuentro consuelo.

SALMOS 119:49–52

Este mismo Espíritu se une a nuestro espíritu para dar testimonio de que ya somos hijos de Dios. Y puesto que somos sus hijos, también tendremos parte en la herencia que Dios nos ha prometido, la cual compartiremos con Cristo, puesto que sufrimos con él para estar también con él en su gloria. Considero que los sufrimientos del tiempo presente no son nada si los comparamos con la gloria que habremos de ver después.

ROMANOS 8:16–18

Queridos hermanos, no se extrañen de verse sometidos al fuego de la prueba, como si fuera algo extraordinario. Al contrario, alégrense de tener parte en los sufrimientos de Cristo, para que también se llenen de alegría cuando su gloria se manifieste. Dichosos ustedes, si alguien los insulta por causa de Cristo, porque el glorioso Espíritu de Dios está continuamente sobre ustedes. Si alguno de ustedes sufre, que no sea por asesino, ladrón o criminal, ni por meterse en asuntos ajenos. Pero si sufre por ser cristiano, no debe avergonzarse, sino alabar a Dios por llevar ese nombre.

1 Pedro 4:12–16

Talentos, Dones y Habilidades

n.: Destrezas, poderes y dones con que se nace.

Me acuerdo siempre de tus lágrimas, y quisiera verte para llenarme de alegría. Porque me acuerdo de la fe sincera que tienes. Primero la tuvieron tu abuela Loida y tu madre Eunice, y estoy seguro de que también tú la tienes. Por eso te recomiendo que avives el fuego del don que Dios te dio cuando te impuse las manos.

2 Timoteo 1:4–6

Con un regalo se abren todas las puertas y se llega hasta la gente importante.

Proverbios 18:16

Hay en la iglesia diferentes dones, pero el que los concede es un mismo Espíritu. Hay diferentes maneras de servir, pero todas por encargo de un mismo Señor. Y hay diferentes manifestaciones de poder, pero es un mismo Dios, que, con su poder, lo hace todo en todos. Dios da a cada uno alguna prueba de la presencia del Espíritu, para provecho de todos.

1 Corintios 12:4–7

Por medio del Espíritu, a unos les concede que hablen con sabiduría; y a otros, por el mismo Espíritu, les concede que hablen con profundo conocimiento. Unos reciben fe por medio del mismo Espíritu, y otros reciben el don de curar enfermos.

Unos reciben poder para hacer milagros, y otros tienen el don de profecía. A unos, Dios les da la capacidad de distinguir entre los espíritus falsos y el Espíritu verdadero, y a otros la capacidad de hablar en lenguas; y todavía a otros les da la capacidad de interpretar lo que se ha dicho en esas lenguas. Pero todas estas cosas las hace con su poder el único y mismo Espíritu, dando a cada persona lo que a él mejor le parece.

1 CORINTIOS 12:8–11

Irrevocables son los dones y el llamamiento de Dios.

ROMANOS 11:29

Queridos hermanos míos, no se engañen: todo lo bueno y perfecto que se nos da, viene de arriba, de Dios, que creó los astros del cielo. Dios es siempre el mismo: en él no hay variaciones ni oscurecimientos. Él, porque así lo quiso, nos dio vida mediante el mensaje de la verdad, para que seamos los primeros frutos de su creación.

SANTIAGO 1:16–18

También nosotros, aunque somos muchos, formamos un solo cuerpo en Cristo y estamos unidos unos a otros como miembros de un mismo cuerpo. Dios nos ha dado diferentes dones, según lo que él quiso dar a cada uno. Por lo tanto, si Dios nos ha dado el don de profecía, hablemos según la fe que tenemos; si nos ha dado el don de servir a otros, sirvámoslos bien. El que haya recibido el don de enseñar, que se dedique a la enseñanza.

ROMANOS 12:5–7

Como buenos administradores de los diferentes dones de Dios, cada uno de ustedes sirva a los demás según lo que haya recibido. Cuando alguien hable, sean sus palabras como palabras de Dios. Cuando alguien preste algún servicio, préstelo con las fuerzas que Dios le da. Todo lo que hagan, háganlo para que Dios sea alabado por medio de Jesucristo, a quien pertenece la gloria y el poder para siempre. Amén.

1 PEDRO 4:10–11

Evita que te desprecien por ser joven; más bien debes ser un ejemplo para los creyentes en tu modo de hablar y de portarte, y en amor, fe y pureza de vida. Mientras llego, dedícate a leer en público las Escrituras, a animar a los hermanos y a instruirlos. No descuides los dones que tienes y que Dios te concedió cuando, por inspiración profética, los ancianos de la iglesia te impusieron las manos.

1 Timoteo 4:12–14

Personalmente, quisiera que todos fueran como yo; pero Dios ha dado a cada uno diferentes dones, a unos de una clase y a otros de otra.

1 Corintios 7:7

Tentación
n.: Estado de ser atraído a hacer el mal a menudo
por la promesa de placer o ganancia.

Dichoso el hombre que soporta la prueba con fortaleza, porque al salir aprobado recibirá como premio la vida, que es la corona que Dios ha prometido a los que lo aman. Cuando alguno se sienta tentado a hacer lo malo, no piense que es tentado por Dios, porque Dios ni siente la tentación de hacer lo malo, ni tienta a nadie para que lo haga. Al contrario, uno es tentado por sus propios malos deseos, que lo atraen y lo seducen. De estos malos deseos nace el pecado; y del pecado, cuando llega a su completo desarrollo, nace la muerte.

Santiago 1:12–15

Para eso tenía que hacerse igual en todo a sus hermanos, para llegar a ser Sumo sacerdote, fiel y compasivo en su servicio a Dios, y para obtener el perdón de los pecados de los hombres por medio del sacrificio. Y como él mismo sufrió y fue puesto a prueba, ahora puede ayudar a los que también son puestos a prueba.

Hebreos 2:17–18

El que cree estar firme, tenga cuidado de no caer. Ustedes no han pasado por ninguna prueba que no sea humanamente soportable. Y pueden ustedes confiar en Dios, que no los dejará sufrir pruebas más duras de lo que pueden soportar. Por el contrario, cuando llegue la prueba, Dios les dará también la manera de salir de ella, para que puedan soportarla.

1 Corintios 10:12–13

Sométanse, pues, a Dios. Resistan al diablo, y éste huirá de ustedes. Acérquense a Dios, y él se acercará a ustedes. ¡Límpiense las manos, pecadores! ¡Purifiquen sus corazones, ustedes que quieren amar a Dios y al mundo a la vez!

Santiago 4:7–8

Como él mismo [Jesús] sufrió y fue puesto a prueba, ahora puede ayudar a los que también son puestos a prueba.

Hebreos 2:18

Jesús, el Hijo de Dios, es nuestro gran Sumo sacerdote que ha entrado en el cielo. Por eso debemos seguir firmes en la fe que profesamos. Pues nuestro Sumo sacerdote puede compadecerse de nuestra debilidad, porque él también estuvo sometido a las mismas pruebas que nosotros; sólo que él jamás pecó. Acerquémonos, pues, con confianza al trono de nuestro Dios amoroso, para que él tenga misericordia de nosotros y en su bondad nos ayude en la hora de necesidad.

Hebreos 4:14–16

Protéjanse con toda la armadura que Dios les ha dado, para que puedan estar firmes contra los engaños del diablo. Porque no estamos luchando contra poderes humanos, sino contra malignas fuerzas espirituales del cielo, las cuales tienen mando, autoridad y dominio sobre el mundo de tinieblas que nos rodea. Por eso, tomen toda la armadura que Dios les ha dado, para que puedan resistir en el día malo y, después de haberse preparado bien, mantenerse firmes. Así que manténganse firmes, revestidos de la verdad y protegidos por la rectitud. Estén siempre listos para salir a anunciar el mensaje de la paz. Sobre todo, que su fe sea el escudo que los libre de las flechas encendidas del maligno. Que la salvación sea el casco que proteja su cabeza, y que la palabra de Dios sea la espada que les da el Espíritu Santo.

Efesios 6:11–17

Digo: Vivan según el Espíritu, y no busquen satisfacer sus propios malos deseos. Porque los malos deseos están en contra del Espíritu, y el Espíritu está en contra de los malos deseos. El uno está en contra de los otros, y por eso ustedes no pueden hacer lo que quisieran. Pero si el Espíritu los guía, entonces ya no estarán sometidos a la ley.

Gálatas 5:16–18

Gratitud

n.: Pensamientos de bondad o agradecimiento; expresión de aprecio debido al conocimiento de beneficios recibidos.

Por eso, habiendo recibido a Jesucristo como su Señor, deben comportarse como quienes pertenecen a Cristo, con profundas raíces en él, firmemente basados en él por la fe, como se les enseñó, y dando siempre gracias a Dios.

Colosenses 2:6–7

A fin de que sean condenados todos los que no han querido creer en la verdad, sino que se complacen en la maldad. Pero nosotros siempre tenemos que dar gracias a Dios por ustedes, hermanos amados por el Señor, porque Dios los escogió para que fueran los primeros en alcanzar la salvación por medio del Espíritu que los hace santos y de la verdad en que han creído. Para esto los llamó Dios por medio del evangelio que nosotros anunciamos: para que lleguen a tener parte en la gloria de nuestro Señor Jesucristo.

2 Tesalonicenses 2:12–14

Den gracias al Señor, porque él es bueno, porque su amor es eterno. Den gracias al Señor por su amor, ¡por lo que hace en favor de los hombres! Ofrézcanle sacrificios de gratitud y hablen con alegría de sus actos.

Salmos 107:1, 21-22

¡Aleluya! Alabaré al Señor de todo corazón en la reunión de los hombres honrados, en la comunidad entera. Las obras del Señor son grandes, y quienes las aman, las estudian. Su obra es bella y esplendorosa, y su justicia permanece para siempre.

Salmos 111:1-3

No se emborrachen, pues eso lleva al desenfreno; al contrario, llénense del Espíritu Santo. Háblense unos a otros con salmos, himnos y cantos espirituales, y canten y alaben de todo corazón al Señor. Den siempre gracias a Dios el Padre por todas las cosas, en el nombre de nuestro Señor Jesucristo.

Efesios 5:18-20

Darán gracias al Padre, que los ha capacitado a ustedes para recibir en la luz la parte de la herencia que él dará al pueblo santo. Dios nos libró del poder de las tinieblas y nos llevó al reino de su amado Hijo, por quien tenemos la liberación y el perdón de los pecados.

Colosenses 1:12-14

Te daré gracias, Señor, de todo corazón; te cantaré himnos delante de los dioses. Me arrodillaré en dirección a tu santo templo para darte gracias por tu amor y tu verdad, pues has puesto tu nombre y tu palabra por encima de todas las cosas. Cuando te llamé, me respondiste, y aumentaste mis fuerzas.

Salmos 138:1-3

Den gracias a Dios por todo, porque esto es lo que él quiere de ustedes como creyentes en Cristo Jesús.

1 Tesalonicenses 5:18

Gracias a Dios que siempre nos lleva en el desfile victorioso de Cristo y que por medio de nosotros da a conocer su mensaje, el cual se esparce por todas partes como un aroma agradable.

Porque nosotros somos como el olor del incienso que Cristo ofrece a Dios, y que se esparce tanto entre los que se salvan como entre los que se pierden.

2 Corintios 2:14–15

Vengan, cantemos al Señor con alegría; cantemos a nuestro protector y Salvador. Entremos a su presencia con gratitud, y cantemos himnos en su honor. Porque el Señor es Dios grande, el gran Rey de todos los dioses.

Salmos 95:1–3

¡Den gracias al Señor! ¡Proclamen su nombre! Cuenten a los pueblos sus acciones. Canten himnos en su honor. ¡Hablen de sus grandes hechos! Siéntanse orgullosos de su santo nombre.

1 Crónicas 16:8–10

Pensamientos

n.: Resultado de procesar mentalmente las imágenes
y la información captada por nuestras mentes.

No se aflijan por nada, sino preséntensenlo todo a Dios en oración; pídanle, y denle gracias también. Así Dios les dará su paz, que es más grande de lo que el hombre puede entender; y esta paz cuidará sus corazones y sus pensamientos por medio de Cristo Jesús. Por último, hermanos, piensen en todo lo verdadero, en todo lo que es digno de respeto, en todo lo recto, en todo lo puro, en todo lo agradable, en todo lo que tiene buena fama. Piensen en toda clase de virtudes, en todo lo que merece alabanza.

Filipenses 4:6–8

Que el malvado deje su camino, que el perverso deje sus ideas; vuélvanse al Señor, y él tendrá compasión de ustedes; vuélvanse a nuestro Dios, que es generoso para perdonar. «Porque mis ideas no son como las de ustedes, y mi manera de actuar no es como la suya. Así como el cielo está por encima de la tierra, así también mis ideas y mi manera de actuar están por encima de las de ustedes.» El Señor lo afirma.

ISAÍAS 55:7–9

Quítale el orgullo a tu siervo; no permitas que el orgullo me domine. Así seré un hombre sin tacha; estaré libre de gran pecado. Sean aceptables a tus ojos mis palabras y mis pensamientos, oh Señor, refugio y libertador mío.

SALMOS 19:13–15

Nada hay tan engañoso y perverso como el corazón humano. ¿Quién es capaz de comprenderlo? Yo, el Señor, que investigo el corazón y conozco a fondo los sentimientos; que doy a cada cual lo que se merece, de acuerdo con sus acciones.

JEREMÍAS 17:9–10

Atiende a mi sabiduría, hijo mío; presta atención a mi inteligencia. Así sabrás ser discreto y podrás hablar con conocimiento.

PROVERBIOS 5:1–2

El Señor sabe que el hombre sólo piensa tonterías. Oh Señor, feliz aquel a quien corriges y le das tus enseñanzas.

SALMOS 94:11–12

Señor, tú me has examinado y me conoces; tú conoces todas mis acciones; aun de lejos te das cuenta de lo que pienso. Sabes todas mis andanzas, ¡sabes todo lo que hago! Aún no tengo la palabra en la lengua, y tú, Señor, ya la conoces.

SALMOS 139:1–4

Te alabo porque estoy maravillado, porque es maravilloso lo que has hecho. ¡De ello estoy bien convencido! No te fue oculto el desarrollo de mi cuerpo mientras yo era formado en lo secreto, mientras era formado en lo más profundo de la tierra. Tus ojos vieron mi cuerpo en formación; todo eso estaba escrito en tu libro. Habías señalado los días de mi vida cuando aún no existía ninguno de ellos.

SALMOS 139:14–18

Hermanos, ustedes los del pueblo santo, que han sido llamados por Dios a ser suyos, consideren atentamente a Cristo Jesús, el Apóstol y Sumo sacerdote, gracias al cual profesamos nuestra fe.

HEBREOS 3:1

Aflicciones

n.: Pruebas de fe, paciencia o resistencia.

La ayuda a los hombres buenos viene del Señor, que es su refugio en tiempos difíciles. El Señor los ayuda a escapar. Los hace escapar de los malvados, y los salva, porque en él buscaron protección.

SALMOS 37:39–40

Hermanos míos, ustedes deben tenerse por muy dichosos cuando se vean sometidos a pruebas de toda clase. Pues ya saben que cuando su fe es puesta a prueba, ustedes aprenden a soportar con fortaleza el sufrimiento. Pero procuren que esa fortaleza los lleve a la perfección, a la madurez plena, sin que les falte nada.

SANTIAGO 1:2–4

Queridos hermanos, no se extrañen de verse sometidos al fuego de la prueba, como si fuera algo extraordinario. Al contrario, alégrense de tener parte en los sufrimientos de Cristo, para que también se llenen de alegría cuando su gloria se manifieste. Dichosos ustedes, si alguien los insulta por causa de Cristo, porque el glorioso Espíritu de Dios está continuamente sobre ustedes.

1 PEDRO 4:12–14

Sean prudentes y manténganse despiertos, porque su enemigo el diablo, como un león rugiente, anda buscando a quien devorar. Resístanle, firmes en la fe, sabiendo que en todas partes del mundo los hermanos de ustedes están sufriendo las mismas cosas. Pero después que ustedes hayan sufrido por un poco de tiempo, Dios los hará perfectos, firmes, fuertes y seguros. Es el

mismo Dios que en su gran amor nos ha llamado a tener parte
en su gloria eterna en unión con Jesucristo.

1 Pedro 5:8–10

Por esta razón están ustedes llenos de alegría, aun cuando sea
necesario que durante un poco de tiempo pasen por muchas
pruebas. Porque la fe de ustedes es como el oro: su calidad debe
ser probada por medio del fuego. La fe que resiste la prueba vale
mucho más que el oro, el cual se puede destruir. De manera que
la fe de ustedes, al ser así probada, merecerá aprobación, gloria y
honor cuando Jesucristo aparezca.

1 Pedro 1:6–7

Dios nos aprobó y nos encargó el evangelio, y así es como hablamos. No tratamos de agradar a la gente, sino a Dios, que
examina nuestros corazones.

1 Tesalonicenses 2:4

Señor, hazme justicia, pues mi vida no tiene tacha. En ti, Señor,
confío firmemente; examíname, ¡ponme a prueba!, ¡pon a prueba mis pensamientos y mis sentimientos más profundos!

Salmos 26:1–2

Por eso no nos desanimamos. Pues aunque por fuera nos vamos
deteriorando, por dentro nos renovamos día a día. Lo que sufrimos en esta vida es cosa ligera, que pronto pasa; pero nos trae
como resultado una gloria eterna mucho más grande y abundante. Porque no nos fijamos en lo que se ve, sino en lo que no
se ve, ya que las cosas que se ven son pasajeras, pero las que no
se ven son eternas.

2 Corintios 4:16–18

Cuando me encuentro en peligro, tú me mantienes con vida;
despliegas tu poder y me salvas de la furia de mis enemigos. ¡El Señor llevará a feliz término su acción en mi favor!
Señor, tu amor es eterno; ¡no dejes incompleto lo que has
emprendido!

Salmos 138:7–8

El Señor sabe librar de la prueba a los que viven entregados a él, y sabe tener a los malos bajo castigo para el día del juicio.

2 Pedro 2:9

Cuando todavía estábamos con ustedes, les advertimos que íbamos a tener aflicciones; y así sucedió, como ya saben. Por esto, hermanos, en medio de todas nuestras dificultades y aflicciones, hemos recibido mucho consuelo al saber que ustedes siguen firmes en su fe. El saber que ustedes están firmes en el Señor, nos reaviva.

1 Tesalonicenses 3:4, 7–8

Confianza

n.: Dependencia asegurada en el carácter, la capacidad, las fuerzas o la veracidad de alguien o algo.

Confía en el Señor y haz lo bueno, vive en la tierra y mantente fiel. Ama al Señor con ternura, y él cumplirá tus deseos más profundos. Pon tu vida en las manos del Señor; confía en él, y él vendrá en tu ayuda. Hará brillar tu rectitud y tu justicia como brilla el sol de mediodía.

Salmos 37:3–6

Señor, tú conservas en paz a los de carácter firme, porque confían en ti. Confíen siempre en el Señor, porque él es refugio eterno.

Isaías 26:3–4

Bendito el hombre que confía en mí, que pone en mí su esperanza. Será como un árbol plantado a la orilla de un río, que extiende sus raíces hacia la corriente y no teme cuando llegan los calores, pues su follaje está siempre frondoso. En tiempo de sequía no se inquieta, y nunca deja de dar fruto.

Jeremías 17:7–8

¡Feliz el hombre que confía en el Señor y no busca a los insolentes ni a los que adoran a dioses falsos! Señor y Dios mío, muchas son las maravillas que tú has hecho y las consideraciones que nos tienes. ¡Nada es comparable a ti! Quisiera anunciarlas, hablar de ellas, pero son más de las que puedo contar.

SALMOS 40:4–5

Confía de todo corazón en el Señor y no en tu propia inteligencia. Ten presente al Señor en todo lo que hagas, y él te llevará por el camino recto.

PROVERBIOS 3:5–6

Los que confían en el Señor son inconmovibles; igual que el monte Sión, permanecen para siempre. Así como los montes rodean a Jerusalén, el Señor rodea a su pueblo ahora y siempre.

SALMOS 125:1–2

Señor, ¡respóndeme pronto, pues ya se me acaba el aliento! No me niegues tu ayuda, porque entonces seré como los muertos. Por la mañana hazme saber de tu amor, porque en ti he puesto mi confianza. Hazme saber cuál debe ser mi conducta, porque a ti dirijo mis anhelos.

SALMOS 143:7–8

El que vive bajo la sombra protectora del Altísimo y Todopoderoso, dice al Señor: «Tú eres mi refugio, mi castillo, ¡mi Dios, en quien confío!» Sólo él puede librarte de trampas ocultas y plagas mortales, pues te cubrirá con sus alas, y bajo ellas estarás seguro. ¡Su fidelidad te protegerá como un escudo!

SALMOS 91:1–4

Nosotros confiamos en el Señor; ¡él nos ayuda y nos protege! Nuestro corazón se alegra en el Señor; confiamos plenamente en su santo nombre. ¡Que tu amor, Señor, nos acompañe, tal como esperamos de ti!

SALMOS 33:20–23

Yo, Señor, confío en ti; yo he dicho: «¡Tú eres mi Dios!» Mi vida está en tus manos; ¡líbrame de mis enemigos, que me persiguen! Mira con bondad a este siervo tuyo, y sálvame, por tu amor.

Salmos 31:14–16

Verdad

n.: Estado real y establecido de las cosas; realidad.

Dios, que es quien da constancia y consuelo, los ayude a ustedes a vivir en armonía unos con otros, conforme al ejemplo de Cristo Jesús, para que todos juntos, a una sola voz, alaben al Dios y Padre de nuestro Señor Jesucristo.

Romanos 15:5–6

El que procede rectamente y dice la verdad, el que no se enriquece abusando de la fuerza ni se deja comprar con regalos, el que no hace caso a sugerencias criminales y cierra los ojos para no fijarse en el mal, ése vivirá seguro, tendrá su refugio en una fortaleza de rocas, siempre tendrá pan y el agua no le faltará.

Isaías 33:15–16

Señor, ¿quién puede residir en tu santuario?, ¿quién puede habitar en tu santo monte? Sólo el que vive sin tacha y practica la justicia; el que dice la verdad de todo corazón.

Salmos 15:1–2

Cuando Jesús dijo esto, muchos creyeron en él. Jesús les dijo a los judíos que habían creído en él:
—Si ustedes se mantienen fieles a mi palabra, serán de veras mis discípulos; conocerán la verdad, y la verdad los hará libres.

Juan 8:30–32

Ustedes saben el camino que lleva a donde yo voy.» Tomás le dijo a Jesús:
—Señor, no sabemos a dónde vas, ¿cómo vamos a saber el camino?

Jesús le contestó:

—Yo soy el camino, la verdad y la vida. Solamente por mí se puede llegar al Padre.

Juan 14:4–6

Profesando la verdad en el amor, debemos crecer en todo hacia Cristo, que es la cabeza del cuerpo.

Efesios 4:15

Quién recibe el juicio de Dios: el que gobierna este mundo, que ya ha sido condenado. Tengo mucho más que decirles, pero en este momento sería demasiado para ustedes. Cuando venga el Espíritu de la verdad, él los guiará a toda verdad; porque no hablará por su propia cuenta, sino que dirá todo lo que oiga, y les hará saber las cosas que van a suceder.

Juan 16:11–13

Jesús le contestó:

—Mi reino no es de este mundo. Si lo fuera, tendría gente a mi servicio que pelearía para que yo no fuera entregado a los judíos. Pero mi reino no es de aquí.

Le preguntó entonces Pilato:

—¿Así que tú eres rey?

Jesús le contestó:

—Tú lo has dicho: soy rey. Yo nací y vine al mundo para decir lo que es la verdad. Y todos los que pertenecen a la verdad, me escuchan.

Pilato le dijo:

—¿Y qué es la verdad?

Después de hacer esta pregunta, Pilato salió otra vez a hablar con los judíos, y les dijo:

—Yo no encuentro ningún delito en este hombre.

Juan 18:36–38

Sabemos que somos de Dios y que el mundo entero está bajo el poder del maligno. Sabemos también que el Hijo de Dios ha venido y nos ha dado entendimiento para conocer al Dios verdadero. Vivimos unidos al que es verdadero, es decir, a su Hijo Jesucristo. Éste es el Dios verdadero y la vida eterna.

1 JUAN 5:19–20

En verdad, tú amas al corazón sincero, y en lo íntimo me has dado sabiduría. Purifícame con hisopo, y quedaré limpio; lávame, y quedaré más blanco que la nieve.

SALMOS 51:6–7

Entendimiento

n.: Resultado de captar el significado de algo; comprensión.

Me guío por tus preceptos y odio toda conducta falsa. Tus mandatos son maravillosos; por eso los obedezco. La explicación de tus palabras ilumina, instruye a la gente sencilla.

SALMOS 119:128–130

Explora los nacimientos de los ríos y saca a la luz cosas escondidas. ¿Pero de dónde viene la sabiduría? ¿En qué lugar está la inteligencia? El hombre no sabe lo que ella vale, ni la encuentra en este mundo. El océano dice: «Aquí no está», y el mar: «Yo no la tengo.» No se puede conseguir con oro, ni se puede comprar con plata.

JOB 28:11–15

Si entre ustedes hay alguno sabio y entendido, que lo demuestre con su buena conducta, con la humildad que su sabiduría le da.

SANTIAGO 3:13

Nosotros, desde el día que lo supimos, no hemos dejado de orar por ustedes y de pedir a Dios que los haga conocer plenamente su voluntad y les dé toda clase de sabiduría y entendimiento espiritual. Así podrán portarse como deben hacerlo los que son del Señor, haciendo siempre lo que a él le agrada, dando frutos de toda clase de buenas obras y creciendo en el conocimiento de Dios. Pedimos que él, con su glorioso poder, los haga fuertes; así podrán ustedes soportarlo todo con mucha fortaleza y

paciencia, y con alegría darán gracias al Padre, que los ha capacitado a ustedes para recibir en la luz la parte de la herencia que
él dará al pueblo santo.

Colosenses 1:9–12

Sabemos también que el Hijo de Dios ha venido y nos ha dado
entendimiento para conocer al Dios verdadero. Vivimos unidos
al que es verdadero, es decir, a su Hijo Jesucristo. Éste es el Dios
verdadero y la vida eterna.

1 Juan 5:20

Adquiere sabiduría y buen juicio; no eches mis palabras al
olvido. Ama a la sabiduría, no la abandones y ella te dará su
protección. Antes que cualquier otra cosa, adquiere sabiduría
y buen juicio. Ámala, y te enaltecerá; abrázala, y te honrará; ¡te
obsequiará con la más bella guirnalda y te coronará con ella!

Proverbios 4:5–9

Pensé: «Que hable la voz de la experiencia; que muestren los
muchos años su sabiduría.» Aunque en realidad todo hombre
tiene entendimiento, pues el Todopoderoso le infundió su espíritu. Los muchos años no hacen sabio a nadie, ni las barbas
traen consigo una recta comprensión.

Job 32:7–9

Entiendo más que los ancianos porque obedezco tus preceptos. He alejado mis pies de todo mal camino para cumplir tu
palabra. No me he apartado de tus decretos porque tú eres
quien me enseña.

Salmos 119:100–102

¿De dónde, pues, viene la sabiduría? ¿En qué lugar está la
inteligencia? Está escondida a la vista de las fieras, oculta a
las aves del cielo. Aun la destrucción y la muerte dicen: «Sólo
de oídas hemos sabido de ella.» Pero Dios conoce el camino
de la sabiduría; sólo él sabe dónde encontrarla. Y dijo Dios

a los hombres: «Servir fielmente al Señor: eso es sabiduría;
apartarse del mal: eso es inteligencia.»

Job 28:20–23, 28

Unidad

n.: Condición o estado de ser uno; armonía; concordia.

Procuren mantener la unidad que proviene del Espíritu Santo,
por medio de la paz que une a todos. Hay un solo cuerpo y un
solo Espíritu, así como Dios los ha llamado a una sola esperanza. Hay solo Señor, una sola fe, un solo bautismo; hay
un solo Dios y Padre de todos, que está sobre todos, actúa por
medio de todos y está en todos. Pero cada uno de nosotros ha
recibido los dones que Cristo le ha querido dar.

Efesios 4:3–7

¡Vean qué bueno y agradable es que los hermanos vivan unidos!
Es como el buen perfume que corre por la cabeza de los sacerdotes y baja por su barba hasta el cuello de su ropaje. Es como
el rocío del monte Hermón, que cae sobre los montes de Sión.
Allí es donde el Señor envía la bendición de una larga vida.

Salmos 133:1–3

Hermanos, en el nombre de nuestro Señor Jesucristo les ruego
que todos estén siempre de acuerdo y que no haya divisiones
entre ustedes. Vivan en armonía, pensando y sintiendo de la
misma manera.

1 Corintios 1:10

El cuerpo humano, aunque está formado por muchos miembros, es un solo cuerpo. Así también Cristo. Y de la misma manera, todos nosotros, judíos o no judíos, esclavos o libres, fuimos
bautizados para formar un solo cuerpo por medio de un solo
Espíritu; y a todos se nos dio a beber de ese mismo Espíritu.

1 Corintios 12:12–13

Alégrense con los que están alegres y lloren con los que lloran. Vivan en armonía unos con otros. No sean orgullosos, sino pónganse al nivel de los humildes.

ROMANOS 12:15–16

Y él mismo concedió a unos ser apóstoles y a otros profetas, a otros anunciar el evangelio y a otros ser pastores y maestros. Así preparó a los del pueblo santo para un trabajo de servicio, para la edificación del cuerpo de Cristo hasta que todos lleguemos a estar unidos por la fe y el conocimiento del Hijo de Dios, y alcancemos la edad adulta, que corresponde a la plena madurez de Cristo.

EFESIOS 4:11–13

Dios, que es quien da constancia y consuelo, los ayude a ustedes a vivir en armonía unos con otros, conforme al ejemplo de Cristo Jesús, para que todos juntos, a una sola voz, alaben al Dios y Padre de nuestro Señor Jesucristo.

ROMANOS 15:5–6

Vivan todos ustedes en armonía, unidos en un mismo sentir y amándose como hermanos. Sean bondadosos y humildes. No devuelvan mal por mal ni insulto por insulto. Al contrario, devuelvan bendición, pues Dios los ha llamado a recibir bendición.

1 PEDRO 3:8–9

No te ruego solamente por éstos, sino también por los que han de creer en mí al oír el mensaje de ellos. Te pido que todos ellos estén unidos; que como tú, Padre, estás en mí y yo en ti, también ellos estén en nosotros, para que el mundo crea que tú me enviaste. Les he dado la misma gloria que tú me diste, para que sean una sola cosa, así como tú y yo somos una sola cosa: yo en ellos y tú en mí, para que lleguen a ser perfectamente uno, y que así el mundo pueda darse cuenta de que tú me enviaste, y que los amas como me amas a mí.

JUAN 17:20–23

Victoria

n.: Lograr éxito en una lucha contra posibilidades
o dificultades, enemigos u oponentes.

Hoy van a luchar contra sus enemigos. No se desanimen ni tengan miedo; no tiemblen ni se asusten, porque el Señor su Dios está con ustedes; él luchará contra los enemigos de ustedes y les dará la victoria.

DEUTERONOMIO 20:3-4

El malvado aparenta seguridad; el honrado está seguro de su conducta. Ante el Señor no hay sabiduría que valga, ni inteligencia ni buenas ideas. El hombre prepara el caballo para entrar en batalla, pero el Señor es quien da la victoria.

PROVERBIOS 21:29-31

Quiero que conozcan el designio secreto de Dios: No todos moriremos, pero todos seremos transformados en un momento, en un abrir y cerrar de ojos, cuando suene el último toque de trompeta. Porque sonará la trompeta, y los muertos serán resucitados para no volver a morir. Y nosotros seremos transformados. Pues nuestra naturaleza corruptible se revestirá de lo incorruptible, y nuestro cuerpo mortal se revestirá de inmortalidad. Y cuando nuestra naturaleza corruptible se haya revestido de lo incorruptible, y cuando nuestro cuerpo mortal se haya revestido de inmortalidad, se cumplirá lo que dice la Escritura: «La muerte ha sido devorada por la victoria. ¿Dónde está, oh muerte, tu victoria? ¿Dónde está, oh muerte, tu aguijón?» El aguijón de la muerte es el pecado, y el pecado ejerce su poder por la ley. ¡Pero gracias a Dios, que nos da la victoria por medio de nuestro Señor Jesucristo!

1 CORINTIOS 15:51-57

Oh Dios, en medio de tu templo pensamos en tu gran amor. Oh Dios, por toda la tierra eres alabado como corresponde a tu nombre. Con tu poder haces plena justicia.

SALMOS 48:9-10

Con la ayuda de Dios haremos grandes cosas; ¡él aplastará a nuestros enemigos!

SALMOS 60:12

Todo el que tiene fe en que Jesús es el Mesías, es hijo de Dios; y el que ama a un padre, ama también a los hijos de ese padre. Cuando amamos a Dios y hacemos lo que él manda, sabemos que amamos también a los hijos de Dios. El amar a Dios consiste en obedecer sus mandamientos; y sus mandamientos no son una carga, porque todo el que es hijo de Dios vence al mundo. Y nuestra fe nos ha dado la victoria sobre el mundo. El que cree que Jesús es el Hijo de Dios, vence al mundo.

1 JUAN 5:1–5

¿Quién nos podrá separar del amor de Cristo? ¿El sufrimiento, o las dificultades, o la persecución, o el hambre, o la falta de ropa, o el peligro, o la muerte violenta? Como dice la Escritura: «Por causa tuya estamos siempre expuestos a la muerte; nos tratan como a ovejas llevadas al matadero.» Pero en todo esto salimos más que vencedores por medio de aquel que nos amó.

ROMANOS 8:35–37

Les digo todo esto para que encuentren paz en su unión conmigo. En el mundo, ustedes habrán de sufrir; pero tengan valor: yo he vencido al mundo.

JUAN 16:33

A los que salgan vencedores les daré un lugar conmigo en mi trono, así como yo he vencido y me he sentado con mi Padre en su trono.

APOCALIPSIS 3:21

Vengo pronto. Conserva lo que tienes, para que nadie te arrebate tu premio. A los que salgan vencedores les daré que sean columnas en el templo de mi Dios.

APOCALIPSIS 3:11–12

Espera

n.: Estado o actitud de vigilancia y esperanza.

El camino de los justos es recto; tú, Señor, haces llano su camino. Nosotros también nos sentimos seguros en el camino señalado por tus leyes, Señor. Lo que nuestro corazón desea es pensar en ti. De todo corazón suspiro por ti en la noche; desde lo profundo de mi ser te busco.

Isaías 26:7–9

¡El Señor lo es todo para mí; por eso en él confío! El Señor es bueno con los que en él confían, con los que a él recurren. Es mejor esperar en silencio a que el Señor nos ayude.

Lamentaciones 3:24–26

Yo estoy convencido de que llegaré a ver la bondad del Señor a lo largo de esta vida. ¡Ten confianza en el Señor! ¡Ten valor, no te desanimes! ¡Sí, ten confianza en el Señor!

Salmos 27:13–14

Guarda silencio ante el Señor; espera con paciencia a que él te ayude. No te irrites por el que triunfa en la vida, por el que hace planes malvados. Deja el enojo, abandona el furor; no te enojes, porque eso empeora las cosas. Pues los malvados serán arrojados del país, pero los que confían en el Señor tomarán posesión de él. Dentro de poco no habrá malvados; por más que los busques, no volverás a encontrarlos.

Salmos 37:7–10

En ese día se dirá: «Éste es nuestro Dios, en él confiamos y él nos salvó. Alegrémonos, gocémonos, él nos ha salvado.»

Isaías 25:9

Puse mi esperanza en el Señor, y él se inclinó para escuchar mis gritos; me salvó de la fosa mortal, me libró de hundirme en el pantano. Afirmó mis pies sobre una roca; dio firmeza a mis pisadas. Hizo brotar de mis labios un nuevo canto, un canto de alabanza a nuestro Dios. Muchos, al ver esto, se sintieron conmovidos y pusieron su confianza en el Señor.

SALMOS 40:1–3

Con toda mi alma espero al Señor, y confío en su palabra. Yo espero al Señor más que los centinelas a la mañana. Así como los centinelas esperan a la mañana.

SALMOS 130:5–6

Nosotros esperamos el cielo nuevo y la tierra nueva que Dios ha prometido, en los cuales todo será justo y bueno. Por eso, queridos hermanos, mientras esperan estas cosas, hagan todo lo posible para que Dios los encuentre en paz, sin mancha ni culpa.

2 PEDRO 3:13–14

Con esa esperanza hemos sido salvados. Sólo que esperar lo que ya se está viendo no es esperanza, pues, ¿quién espera lo que ya está viendo? Pero si lo que esperamos es algo que todavía no vemos, tenemos que esperarlo sufriendo con firmeza.

ROMANOS 8:24–25

Amen al Señor, todos sus fieles. El Señor cuida de los sinceros, pero a los altaneros les da con creces su merecido. Den ánimo y valor a sus corazones todos los que confían en el Señor.

SALMOS 31:23–24

Sabiduría
n.: Capacidad de discernir cualidades
internas y relaciones; perspicacia.

El Señor es quien da la sabiduría; la ciencia y el conocimiento brotan de sus labios. El Señor da su ayuda y protección a los que viven rectamente y sin tacha; cuida de los que se conducen con justicia, y protege a los que le son fieles. Sabrás también lo que es recto y justo, y estarás atento a todo lo bueno, pues tu mente obtendrá sabiduría y probarás la dulzura del saber.

PROVERBIOS 2:6–10

Si ustedes dejan que la envidia les amargue el corazón, y hacen las cosas por rivalidad, entonces no tienen de qué enorgullecerse y están faltando a la verdad. Porque esta sabiduría no es la que viene de Dios, sino que es sabiduría de este mundo, de la mente humana y del diablo mismo. Donde hay envidias y rivalidades, hay también desorden y toda clase de maldad; pero los que tienen la sabiduría que viene de Dios, llevan ante todo una vida pura; y además son pacíficos, bondadosos y dóciles. Son también compasivos, imparciales y sinceros, y hacen el bien.

SANTIAGO 3:14–17

Que los sabios y prudentes entiendan este mensaje: Los caminos del Señor son rectos, y los justos los siguen; pero los malvados tropiezan en ellos.

OSEAS 14:9

Nada es tan agradable a Dios como el hombre que vive con la sabiduría. Ella es más brillante que el sol y supera a todas las estrellas; comparada con la luz del día, es superior, pues a la luz sigue la noche, pero a la sabiduría no la puede dominar el mal.

SABIDURÍA 7:28–30

Hay en la sabiduría un espíritu inteligente, santo, único, multiforme, sutil, móvil, lúcido, puro.

SABIDURÍA 7:22

Si a alguno de ustedes le falta sabiduría, pídasela a Dios, y él se la dará; pues Dios da a todos sin limitación y sin hacer reproche alguno. Pero tiene que pedir con fe, sin dudar nada; porque el que duda es como una ola del mar, que el viento lleva de un lado a otro.

SANTIAGO 1:5–6

Buena y provechosa es la sabiduría para los que viven en este mundo, si además va acompañada de una herencia. Porque la sabiduría protege lo mismo que el dinero, pero la sabiduría tiene la ventaja de darle vida al sabio.

Eclesiastés 7:11-12

Corrige al sabio y te ganarás su aprecio. Dale al sabio y se hará más sabio; enseña al hombre bueno y aumentará su saber. La sabiduría comienza por honrar al Señor; conocer al Santísimo es tener inteligencia.

Proverbios 9:8-10

Feliz el que halla sabiduría, el que obtiene inteligencia; porque son más provechosas que la plata y rinden mayores beneficios que el oro. La sabiduría vale más que las piedras preciosas; ¡ni aun las cosas más deseables se le pueden comparar! Con la derecha ofrece larga vida, y con la izquierda, riquezas y honores. Seguir sus pasos es muy agradable; andar por sus senderos es vivir en paz. La sabiduría es vida para quien la obtiene; ¡felices los que saben retenerla!

Proverbios 3:13-18

Como sé que ustedes tienen fe en el Señor Jesús y amor para con todo el pueblo santo, no dejo de dar gracias a Dios por ustedes, recordándolos en mis oraciones. Pido al Dios de nuestro Señor Jesucristo, al glorioso Padre, que les conceda el don espiritual de la sabiduría y se manifieste a ustedes, para que puedan conocerlo verdaderamente.

Efesios 1:15-17

Palabras
n.: Algo que se dice; charla o discurso.

Si alguno cree ser religioso, pero no sabe poner freno a su lengua, se engaña a sí mismo y su religión no sirve de nada. La religión pura y sin mancha delante de Dios el Padre es ésta:

ayudar a los huérfanos y a las viudas en sus aflicciones, y no mancharse con la maldad del mundo.

Santiago 1:26–27

Sigue el modelo de la sana enseñanza que de mí has recibido, y vive en la fe y el amor que tenemos gracias a Cristo Jesús. Con la ayuda del Espíritu Santo que vive en nosotros, cuida de la buena doctrina que se te ha encomendado.

2 Timoteo 1:13–14

Anímense unos a otros cada día, mientras dura ese «hoy» de que habla la Escritura, para que ninguno de ustedes sea engañado por el pecado y su corazón se vuelva rebelde. Porque nosotros tenemos parte con Cristo, con tal de que nos mantengamos firmes hasta el fin en la confianza que teníamos al principio.

Hebreos 3:13–14

Las palabras en el momento oportuno son como manzanas de oro incrustadas en plata. Como un anillo y un collar del oro más fino, es la sabia reprensión en quien sabe recibirla. El mensajero fiel es para el que lo envía cual frescura de nieve en día caluroso, pues da nuevos ánimos a su señor.

Proverbios 25:11–13

El malvado se enreda en sus propias mentiras, pero el hombre justo sale bien del apuro. Cada uno recoge el fruto de lo que dice y recibe el pago de lo que hace.

Proverbios 12:13–14

Evita que te desprecien por ser joven; más bien debes ser un ejemplo para los creyentes en tu modo de hablar y de portarte, y en amor, fe y pureza de vida.

1 Timoteo 4:12

Procuren que su manera de vivir esté de acuerdo con el evangelio de Cristo. Así, lo mismo si voy a verlos que si no voy, quiero recibir noticias de que ustedes siguen firmes y muy unidos, luchando todos juntos por la fe del evangelio.

FILIPENSES 1:27

No digan malas palabras, sino sólo palabras buenas que edifiquen la comunidad y traigan beneficios a quienes las escuchen. No hagan que se entristezca el Espíritu Santo de Dios, con el que ustedes han sido sellados para distinguirlos como propiedad de Dios el día en que él les dé la liberación definitiva.

EFESIOS 4:29–30

De lo que abunda en el corazón, habla la boca. El hombre bueno dice cosas buenas porque el bien está en él, y el hombre malo dice cosas malas porque el mal está en él.

MATEO 12:34–35

Compórtense sabiamente con los no creyentes, y aprovechen bien el tiempo. Su conversación debe ser siempre agradable y de buen gusto, y deben saber también cómo contestar a cada uno.

COLOSENSES 4:5–6

Llegue mi oración a tu presencia; ¡líbrame, conforme a tu promesa! Brote de mis labios la alabanza, pues tú me has enseñado tus leyes. Entonen mis labios un canto a tu promesa, porque todos tus mandamientos son justos.

SALMOS 119:170–172

El que piensa sabiamente, se sabe expresar, y sus palabras convencen mejor. Las palabras dulces son un panal de miel: endulzan el ánimo y dan nuevas fuerzas.

PROVERBIOS 16:23–24

Cada uno comerá hasta el cansancio del fruto de sus palabras. La vida y la muerte dependen de la lengua; los que hablan mucho sufrirán las consecuencias.

PROVERBIOS 18:20–21

Trabajo

n.: Uso de fortaleza o habilidad para lograr que algo se haga.

Cada uno debe juzgar su propia conducta, y si ha de sentirse orgulloso, que lo sea respecto de sí mismo y no respecto de los demás. Pues cada uno tiene que llevar su propia carga.

GÁLATAS 6:4-5

Toma tu parte en los sufrimientos como un buen soldado de Cristo Jesús. Ningún soldado en servicio activo se enreda en los asuntos de la vida civil, porque tiene que agradar a su superior. De la misma manera, el deportista no puede recibir el premio, si no lucha de acuerdo con las reglas. El que trabaja en el campo tiene derecho a ser el primero en recibir su parte de la cosecha. Piensa en esto que digo, porque el Señor te lo hará comprender todo.

2 TIMOTEO 2:3-7

Dios es justo, y no olvidará lo que ustedes han hecho y el amor que le han mostrado al ayudar a los del pueblo santo, como aún lo están haciendo. Pero deseamos que cada uno de ustedes siga mostrando hasta el fin ese mismo entusiasmo, para que se realice completamente su esperanza. No queremos que se vuelvan perezosos, sino que sigan el ejemplo de quienes por medio de la fe y la constancia están recibiendo la herencia que Dios les ha prometido.

HEBREOS 6:10-12

He encontrado que lo mejor y más agradable es comer y beber, y disfrutar del fruto de tanto trabajar en este mundo durante la corta vida que Dios nos da, pues eso es lo que nos ha tocado. Por otra parte, a todo aquel a quien Dios da abundantes riquezas, le da también la facultad de comer de ellas y de tomar lo que le corresponde, pues el disfrutar de tanto trabajo viene de parte de Dios.

ECLESIASTÉS 5:18-19

Todo lo que hagan, háganlo de buena gana, como si estuvieran sirviendo al Señor y no a los hombres. Pues ya saben que, en recompensa, el Señor les dará parte en la herencia. Porque ustedes sirven a Cristo, que es su verdadero Señor.

COLOSENSES 3:23-24

El que hace bien su trabajo, estará al servicio de reyes y no de gente insignificante.

PROVERBIOS 22:29

Mis queridos hermanos, sigan firmes y constantes, trabajando siempre más y más en la obra del Señor; porque ustedes saben que no es en vano el trabajo que hacen en unión con el Señor.

1 CORINTIOS 15:58

Les aseguro que ustedes me buscan porque comieron hasta llenarse, y no porque hayan entendido las señales milagrosas. No trabajen por la comida que se acaba, sino por la comida que permanece y que les da vida eterna. Ésta es la comida que les dará el Hijo del hombre, porque Dios, el Padre, ha puesto su sello en él.

JUAN 6:26-27

Realicen su trabajo de buena gana, como un servicio al Señor y no a los hombres. Pues deben saber que cada uno, sea esclavo o libre, recibirá del Señor según lo que haya hecho de bueno.

EFESIOS 6:7-8

Yo sembré y Apolo regó, pero Dios es quien hizo crecer lo sembrado. De manera que ni el que siembra ni el que riega son nada, sino que Dios lo es todo, pues él es quien hace crecer lo sembrado. Los que siembran y los que riegan son iguales, aunque Dios pagará a cada uno según su trabajo. Somos compañeros de trabajo al servicio de Dios, y ustedes son un sembrado y una construcción que pertenecen a Dios.

1 CORINTIOS 3:6-9